El poder de la intuición

David Topí

El poder de la intuición

El mecanismo de la sincronicidad,
una respuesta del Universo

QUINTA EDICIÓN

Primera edición: septiembre de 2010
Quita edición: julio de 2021

Colección Enigma.
Editorial Arcopress
Edición de Javier Ortega

Imprime: Gráficas La Paz

ISBN: 978-84-96632-64-6
Depósito Legal: CO-390-2014
Hecho e impreso en España - *Made and printed in Spain*

A Cami y a Olivier, por tantas vidas en común,
y por todas las que vendrán.

A Eric, Usha y Patricia,
magníficos seres espirituales viviendo una experiencia humana,
tratando arduamente de recuperar la experiencia original.

Índice

Todo lo que siempre has soñado está
justo enfrente, en el camino en el
que te encuentras ahora mismo

El Universo

Agradecimientos

Este libro no hubiera estado completo sin la ayuda de tantos amigos que me han enviado sus historias y sucesos y que ilustran los diferentes capítulos. Especiales gracias a Óscar Enento, Patricia Canela, Estela García, Pedro Amador, Eric Huysmans y Mihaela Babei, por compartir sus experiencias y permitirme que las reprodujera aquí. También a Aaron Murakami por sus diagramas sobre sincronicidad y por permitirme el uso de los mismos para ilustrar mis explicaciones.

Gracias también a M.A Garcías, porque además de ser un orador fantástico, es un ilustrador con mucho talento que describe fácilmente en imágenes lo que uno intenta expresar con palabras.

Y gracias a todos los lectores de mi blog DavidTopí.com, porque cada comentario recibido en cada una de las entradas me hace crecer, reflexionar y aprender de las experiencias de todos y cada uno de vosotros, y sobre todo me siguen animando constantemente a que siga evolucionando, para poder seguir compartiendo.

Prólogo

Todos los ejemplos que aparecen en este libro son reales, proporcionados por gente normal que ha vivido en su día a día cosas tachadas de «enormes casualidades» por la mayoría de nosotros. De todos los casos recibidos y encontrados mientras realizaba la preparación para escribir estas páginas, he seleccionado aquellos que eran más impactantes, que han tenido un significado mayor en la vida de la persona que había vivido esa «casualidad» y que ilustraban mejor cada uno de los capítulos en los cuales han sido insertados.

Para ti, lector, es posible que a partir de la lectura de este libro, empieces a notar más «casualidades» en tu vida. Eso es bueno. Aunque depende de cada caso. Quien nunca creyó en ellas puede volverse loco, viendo por todas partes incrementarse la frecuencia de estos eventos que ocurren a su alrededor. Quien ya cree en ellas empezará a notar cómo, cada vez, parecen tener significados más profundos o mensajes más importantes. Quien las sigue, las utiliza y las acepta como algo normal y, esencial, en su realidad, podrá dar saltos cuantitativos en la consecución de sus metas, en la solución de sus problemas, en la toma de decisiones importantes (y no tan importantes), y en todo lo que se les ponga por delante en el día a día.

No me echéis la culpa si de repente todo vuestro mundo parece hablaros, si todo cobra relevancia cuando antes no la tenía, o si parece que todo lo que oís o leéis tiene un doble significado que sólo vosotros entendéis. El periodo de adaptación puede ser un poco caótico y mentalmente difícil de aceptar, pero, en unos meses, probablemente me daréis las gracias, como yo las di cuando empecé a comprender la ayuda que estaba recibiendo, sin haberla pedido, sin saber de dónde venía, y sin saber por qué. Por alguna razón, leer sobre este tema puede despertar en muchas personas la conexión con el mundo de la sincronicidad. Parece que es como si de repente la vida dijera, *¡Hey! ¡Ya hay otra persona lista para entender mejor nuestras señales y pistas, dale potencia al altavoz de los mensajes, pon más recursos en mostrarle lo que necesita ver, oír o leer en el momento más adecuado, que nos va a hacer caso!*

Y es que, digo yo, debe ser frustrante, de algún modo, estar intentando guiar con toda tu buena fe a través de todo tipo de eventos a alguien para hacerle la vida más fácil y que esta persona ni siquiera se entere de ello, ¿verdad?

Feliz sincronicidad.

David Topí

Introducción

Este libro que tienes en tus manos es un recorrido por el sendero de la búsqueda interior en el cual el lector se adentrará, tanto como su proceso de desarrollo personal y espiritual le permita, en el momento en el que lea estas páginas, en una exploración cada vez más profunda de la verdadera naturaleza de nuestra realidad.

Es un intento por mi parte de poner por escrito, ordenar, estructurar y dar a conocer una serie de experiencias que me han llevado a crear un esquema de cómo funciona eso que etiquetamos como el mundo «real», y en el que descubrimos que es realmente lo que llamamos el «YO», por filosófico que eso pueda parecer, para llegar a relacionar y acceder a otros niveles de conciencia, por varios caminos, con los cuales entrar en lugares que nos pueden parecer increíbles, como otras dimensiones o universos, pero que están bien presentes, en el mismo espacio físico que tú y yo compartimos, y, sin embargo, totalmente fuera del alcance de nuestros sentidos.

Mi interés personal siempre se ha centrado en conocer, explorar y descubrir todos esos estados paralelos de existencia del ser, tanto en una búsqueda «interior» (a través de la meditación, la proyección mental, la visualización, las técnicas de control mental, las regresiones y el contacto con el subconsciente, etc.), como la búsqueda hacia el «exterior», a través de la proyección astral de nuestros cuerpos sutiles, hacia otras dimensiones, otros niveles superiores de realidad, otros mundos u otros universos si cabe. Luego, una inquietud siempre latente me urgía a «ponerlo todo en orden», a encontrar las relaciones existentes entre todos estos temas, a darles una estructura y hacer que pudiera ser entendido por todos aquellos quienes, como yo, siendo ingeniero de profesión durante muchos años, tienen el hemisferio izquierdo, analítico, lógico, bien activo, buscando siempre un orden en el caos, intentando comprender temas más espirituales. No significa esto que este libro sea sólo para aquellas mentes lógicas y analíticas, muy al contrario, estas experiencias que son normalmente más entendibles por el hemisferio derecho y que se comprenden normalmente por «intuición», se ven gratamente reforzadas cuando se les da una estructura que, para bien o para mal, parece insuflarles cierto orden, resultando en la puesta de ambos hemisferios en un estado de sincronía que nos permite integrar mejor lo vivido en esta odisea de desarrollo personal.

Porque tal como ha sido explicado y descrito por numerosos autores, y experimentado de primera mano en los años que llevo inmerso en este camino de descubrimiento personal, aquello que denominamos nuestro SER es un conjunto de diferentes conciencias bien definidas y claramente estructuradas en el interior de cada uno de nosotros donde podemos distinguir no menos de 4 actores: la mente consciente y sus procesos mentales, el ego, la mente subconsciente y el YO interior, o alma. Como veremos a lo largo de este libro, conoceremos en profundidad a tres de estos actores principales: la Mente Consciente, el Ego y el Subconsciente, y veremos un poco sobre el Yo Interior, que merece un libro aparte por sí solo, así como su interacción con la mente inconsciente colectiva y el inmenso poder subyacente para la creación de nuestra vida tal y como la queremos.

Lo que tengo claro es que antes de ponernos a explorar y tratar de entender otras realidades, debemos concentrarnos primero en entender la nuestra, la que cada uno genera para sí mismo, y que no es otra cosa que lo que percibimos como el «mundo real» de los cinco sentidos. Por eso, nos adentraremos en detalle en entender cómo se crea la realidad que entendemos como «válida», aquella que vivimos a diario, y que no es más que la decodificación de los patrones energéticos creados por la mente subconsciente, la nuestra y la del resto de seres, de forma que, bien a través del Inconsciente Colectivo (la suma de todas las mentes subconscientes de los seres humanos) o bien a través de la creación consciente de nuestra propia realidad, podamos entender por qué nos pasa lo que nos pasa, y cómo atraemos a nosotros aquello que nos sucede. El proceso de creación de la realidad trabaja a través de herramientas tales como la sincronicidad, que será uno de los puntos principales de este libro.

Lo fantástico es que entender cómo se genera nuestra realidad física y los eventos que atraemos a ella, y por qué el mundo en el que vivimos es como lo percibimos, no es sino el principio de una aventura extraordinaria hacia el descubrimiento del Universo.

Este proyecto de búsqueda interior me está llevando a adentrarme en lo más profundo de nosotros mismos, a explorar territorios que residen muy cerca de nosotros y que, a la vez, para la mayoría de las personas están completamente inexplorados. Sirva el esquema a continuación de guía al lector para comprender la relación entre todos estos temas, a veces poco entendidos, y de profundo impacto para nuestro crecimiento personal y espiritual, para entender el cúmulo de sistemas y capas que nos componen como seres humanos. Y es que, como dijo Brian Weiss, «no somos seres humanos en busca de experiencias espirituales, somos seres espirituales en busca de una experiencia humana».

Niveles del "YO"

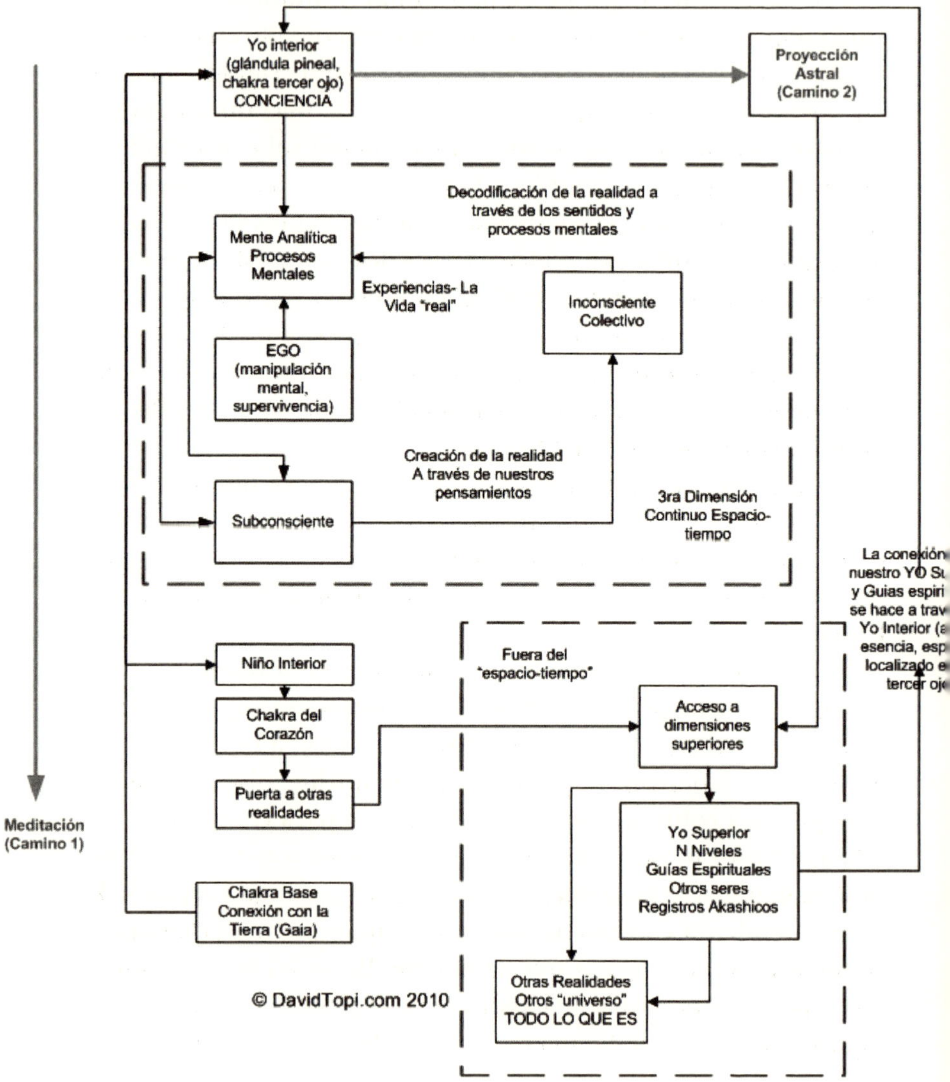

Parte I
PERCIBIENDO LA REALIDAD

Mensajes y eventos casuales

Cada minuto de cada día, querido amigo, están ahí. Puede que estén escondidas detrás de las circunstancias, la gente, o tras pequeños eventos. En los desafíos, en las puertas cerradas, o cuando pierdes las llaves. Camufladas, disfrazadas o susurrándote al oído. Ronroneando, besándote o silbando en el aire. Sin embargo, la mayoría de las veces, están tumbadas ante nuestros ojos, bajo el cielo azul, a plena vista. Completamente garantizado.
10000 razones para ser feliz.

El Universo

Estaba una tarde medio dormido en el sofá, recién salido de un profundo estado de relajación, y aún con algunas preguntas sobre temas personales importantes dando vueltas por mi cabeza, cuando, para terminar de desconectar del todo, y volver a poner los «pies en la tierra» decidí poner la televisión. En ese momento pasaban anuncios. La primera frase que oí, del primer anuncio que apareció, uno de leche de no sé qué marca, venía como anillo al dedo, como respuesta, a una de las cosas que más me agobiaba en esos momentos y sobre la cual había estado meditando.

La respuesta a mi pregunta era el eslogan de esa marca, que, aislado, fuera del contexto del anuncio, eran las palabras exactas que necesitaba oir para tomar la decisión que debía tomar.

En ese momento me entró la risa. Ya estaba «el universo» jugando de nuevo conmigo. Había vuelto a recibir una respuesta clave en un momento clave, cuando más la necesitaba y de la forma más inesperada. ¿Cómo habían podido poner ese anuncio en la televisión justo en el momento en el que yo la encendía? ¿Cómo podía ser que lo que tanto andaba preguntándome hubiera podido tener respuesta a través de una frase exacta de un spot publicitario que probablemente veían millones de personas, y que, sin embargo, para mí, era como un mensaje totalmente personalizado? En ese momento no tenía una respuesta adecuada ni sabía siquiera que pudiera haber una.

* * *

Patricia es una de las muchas personas que cada día cogen el coche en Lisboa para ir al trabajo. Viviendo en las afueras hay que salir con tiempo para sortear los atascos de entrada a toda gran ciudad. Ese día iba irremediablemente tarde, ya que sus hijos estaban enfermos y las cosas en casa siempre se complican cuando hay que cuidar de otros además de seguir cumpliendo con las obligaciones de siempre. Cuando por fin llegó a Lisboa siguió el mismo camino que hacía cada día para aparcar el coche, no muy lejos de su oficina. Antes de girar a la izquierda en una intersección, dejó pasar primero a un camión que venía en dirección contraria y que giró por la misma calle por la que ella pretendía entrar. Aunque el camión iba realmente despacio y podía haber pasado antes que él, simplemente no lo hizo.

Pero lo hubiera hecho si se hubiera dado cuenta de que el camión en cuestión era el camión de la basura, haciendo su recorrido en plena mañana, y parando justo enfrente de donde estaba ella, esperando para poder seguir adelante, para recoger unas bolsas y vaciar los contenedores que se agolpaban a todo lo largo de la calle.

Patricia empezó a contrariarse. Su retraso era considerable.

¿Qué hacia el camión de la basura recogiendo cajas y bolsas en pleno día? ¿No se supone que trabajaban siempre de noche? El retraso iba en aumento, y el nerviosismo de Patricia aún más. «Siempre me pasan estas cosas cuando más prisa tengo».

Casualidades de la vida, poco le duraron estas quejas, y, rápidamente, el enfado se tornó en sorpresa cuando, de repente, una antigua amiga cruzó la calle, pasando por delante de su coche, saliendo de «la nada», especialmente porque, según Patricia suponía, también esta amiga debía estar trabajando a esas horas, y no precisamente en esa zona de la ciudad.

Patricia hizo sonar el claxon y la llamó. ¡Grata sorpresa para ambas! Empezaron a hablar durante los minutos que el camión de la basura seguía bloqueando el tráfico mientras hacía su trabajo y, al despedirse, en ese momento, Patricia se sintió realmente feliz. Esa amiga era una persona con la cual hacía mucho tiempo que quería hablar y ver, y nunca tenía la ocasión de hacerlo. El camión de la basura había llegado en el momento justo, en el lugar justo para, mira por dónde, permitir a Patricia cumplir el deseo de ver a su amiga. ¿Había sido por casualidad? No hubo consecuencias de ningún tipo en su llegada un poco tarde a la oficina, pero el buen humor y una sensación de bienestar y agradecimiento la acompañaron durante todo el día.

Parece difícil que fuera la casualidad la que había llevado a esa secuencia de acontecimientos, todo era demasiado perfecto y calculado, todo encajaba a la perfección y, a pesar de todo, las cosas habían fluido de un modo tan natural que nada especial podía destacarse como el «hecho» detonante de este encuentro. Claro que, entonces, si no había ocurrido, «por casualidad» ¿qué había hecho posible sincronizar la ruta del camión, la ruta de la amiga de Patricia, los retrasos que encontró en el camino y todo lo que le hizo llegar tarde a ese cruce para que ambas pudieran encontrarse? Si Patricia se hubiera retrasado o adelantado aunque sólo fuera un segundo ese mismo día en cualquiera de sus acciones, tardando más en ir a buscar las llaves del coche, parándose a saludar a alguien, arrancando un segundo más tarde o un segundo antes en cualquiera de los semáforos, llegando un poco antes que el camión al cruce, no se hubiera cruzado de ninguna manera con su amiga, que además no era una «amiga cualquiera», sino alguien en quien Patricia había estado pensando constantemente en los últimos días ¿Podría ser que el deseo tan fuerte de Patricia de ver y hablar con su amiga hubiera sido facilitado por una serie de eventos fuera de su control y, sin embargo, exactos y precisos? Tan milimétrica había sido la secuencia de eventos que, evidentemente, al llegar a la oficina, no podía menos que sentirse agradecida por todos y cada uno de los semáforos en rojo, atascos y demás problemas que había tenido esa mañana en el camino.

He recibido tantas historias similares a ésta, que cuando me puse a leerlas comprobé que no se trataba de hechos aislados que ocurrían de vez en cuando, a unas pocas personas, en lugares especiales, sino que a muchos de nosotros nos ocurren bastante a menudo y que, siempre, o prácticamente siempre, van acompañadas de gratas sorpresas. No es para menos, pues en la mayoría de los casos, todos estos eventos que parecen empezar de forma más o menos complicada, terminan sucediendo para nuestro bien, con un final feliz; aunque a veces no lleguemos a verlo al principio.

¿Cuántas situaciones hemos vivido en las que la casualidad ha tenido un valor tan importante que sin ella no hubiera sido posible conseguir tal cosa o llegar a tal sitio? Echando la vista atrás, se me antojan como innumerables los sucesos de este tipo, que por ser tan «cotidianos», pasan de largo en nuestras mentes a los pocos días de haber ocurrido. Pero sucedieron, y nos hicieron en algún sentido la vida más fácil, ¿verdad que sería fantástico que estas casualidades estuvieran siempre funcionando a pleno rendimiento en todas y cada una de las situaciones por las que pasamos cada minuto de nuestra vida?

Vivía yo en Bruselas hace varios años cuando tuve que ir a matricular a mi mujer en un curso de francés que quería hacer. Era una academia estatal y pedían un millón de papeles para poder darte una plaza, tantos que no era difícil que se te pasara por alto alguna cosa. Cuando estaba haciendo cola, con más de cien personas delante, desde las siete de la mañana, para poder coger un ticket que nos diera acceso a una de las plazas, me di cuenta de que me faltaba algo, un papel de la comuna (el ayuntamiento de barrio) en el cual aparecía ella como empadronada en la dirección que mostraba su tarjeta de residencia. No tenía intención ninguna de moverme de mi posición en la cola para ir a pedir ese papel, pues me arriesgaba a quedarme fuera si me iba, así que llegué a la primera mesa en la cual hacían un control de papeleo antes de dejarte pasar a las mesas posteriores, donde te podrías matricular.

Por supuesto y como era de esperar, la persona que estaba allí controlando me dijo que sin ese papel no podían matricularla. Le dije que evidentemente era imposible para mí volver a la comuna de barrio, pedir el papel y volver a tiempo antes de que cerraran el proceso de matrícula, y si no matriculaba a mi mujer ese día, había que esperar un semestre más, pero me dijo que lo sentía y que así eran las normas, de forma que, visto el panorama, y como ya no podía hacer otra cosa, sin que el funcionario se diera cuenta, me aventuré a situarme en la cola de los que tenían «los papeles listos» y decidí esperar a ver si el universo me enviaba alguna ayuda al respecto.

Para mi desesperación, cuando todos los funcionarios que estaban controlando el papeleo en las mesas iniciales terminaron con la cola de las personas que quedaban, se pusieron a ayudar en las mesas de matriculación. No podía estar más nervioso, pues tenía la impresión de que cuando me llegara mi turno me iba a tocar la misma persona que me había dicho que no en el control de papeles (en realidad, mi esperanza era que en las mesas de matricular no comprobaran todos los papeles de nuevo, al haber pasado el primer control). Pero parecía que no iba a ser así. Había dos mesas en ese momento abiertas y, por el orden, y tal como iban las cosas, me tocaba derecho con la persona que me había controlado. Quedaban tres personas delante de mí y ya había perdido la esperanza. Quedaban dos y ya casi me tocaba, así que para no hacer el ridículo y que no me montaran un escándalo decidí salirme discretamente y marcharme. Me di la vuelta y empecé a salir. Pero algo ocurrió… Al entrar a matricularse la persona que estaba justo delante de mí llegó otro funcionario a la mesa que justo había terminado su turno de descanso, saludó al que estaba allí y se intercambiaron los puestos. ¡No podía creer lo que estaba viendo! En el momento en que me tocó entrar, tenía ante mí alguien completamente fresco que cogió mi dossier completo, me cobró la matrícula, me dio mis papeles sellados de vuelta y me dijo algo así como «nos vemos en clase» tan tranquilo y sonriente. Y yo, hecho un manojo de nervios, salí de allí lo más rápidamente que pude. Ese día agradecí mil veces al universo la sincronicidad de lo ocurrido, de lo contrario aún estaría maldiciéndome por no haber tenido todos los papeles listos.

Y es que ¿realmente era imprescindible tener ese último comprobante? Quizás desde el punto de vista administrativo era un trámite más, otro papel para el dossier del alumno, pero desde el punto de vista práctico, de mi vida, era completamente irrelevante. ¿Fue por eso por lo que sucedió la sincronicidad que me permitió seguir adelante con el proceso sin entorpecerlo? Tanto en esta situación como en el encuentro anterior de Patricia con su amiga, un deseo consciente, en el primer caso ver a una persona, en el segundo caso completar una gestión importante, habían tenido lugar gracias a unas circunstancias no esperadas de antemano, y enmascaradas entre eventos tachados de «mala suerte», «fastidios» o «inconvenientes», cuando, en el fondo, eran todos y cada uno de ellos justo el suceso necesario para que ambas llegaran a convertirse en realidad.

Jung, el famoso psicoanalista que estudió a fondo la mente universal de la Humanidad, siempre se sintió fascinado por estas «coincidencias significativas» y se pasó media vida buscando un concepto teórico que diera cuenta de este tipo de fenómenos «azarosos». En sus escritos nos cuenta varias «anécdotas» relacionadas con las casualidades, que le llevaron a seguir indagando en el tema.

Jung tenía una paciente cuyo tratamiento no avanzaba, con una mentalidad rígidamente lógica (pienso, luego existo) que no aceptaba los métodos que Jung proponía para su tratamiento. El tema lo tenía un poco preocupado, pues no encontraba la forma de desatascar el proceso de esa paciente. Un día, en una de las sesiones recurrentes que tenía con ella, la paciente le contó a Jung un sueño que había tenido recientemente en el que alguien le daba un escarabajo pelotero de oro, en el que se le decía que gracias a él iniciaría su proceso de recuperación y sanación.

Coincidencia, en ese instante, Jung escuchó un suave golpeteo en la ventana cerrada de su oficina, detrás de él. Se volvió y vió que lo que golpeaba en el vidrio era un insecto volador, así que en vez de olvidarse y seguir con la sesión se acercó y abrió la ventana, capturando al insecto cuando éste entró en la habitación.

—¿Qué es? —preguntó la paciente.

Jung miraba el insecto sin salir de su asombro.

—Un ateuco, el escarabajo más próximo, en nuestro clima, al escarabajo pelotero egipcio de su sueño —contestó Jung.

La paciente ignoraba que el escarabajo de oro de su sueño era un símbolo egipcio del Renacimiento, pero la «coincidencia» de que ese insecto común, que está siempre en contacto con las flores y puede hallarse fácilmente, viniera a la ventana en el preciso instante en que ella contaba su sueño y cuando Jung necesitaba una herramienta para seguir adelante, le dio a ambos lo que necesitaban: ayudó a liberarse de la coraza súper-lógica de su mente profunda a la paciente y proporcionó a Jung más material para añadir a sus experiencias con las casualidades.

Historias como éstas y el tiempo me iban poniendo las cosas en perspectiva. Cada vez que recordaba alguna situación parecida, personal o de mi entorno cercano, llegaba a la conclusión de que para cada uno de nosotros hay un entramado de eventos sincronizados que, concuerden o no con el entramado de otras personas, nos hacen llegar los mensajes y situaciones propicias cuando nos son necesarios; pero no lo llegaba a entender, ni tan siquiera era capaz de expresar esta posible situación de forma que tuviera una explicación lógica. La idea es increíble por sí misma, ya que eso significa que nuestra realidad y la de los demás no tienen por qué coincidir necesariamente a pesar de que parecen ser la misma. Si viviéramos nosotros solos en el mundo, junto con las personas que deseamos que aparezcan en nuestra vida, el hecho de que un camión de la basura nos bloquee el paso para que la persona adecuada pase delante nuestra mientras estamos esperando, tiene sentido, pues podemos entender que esa situación pertenece exclusivamente a nuestra realidad, pero evidentemente ese camión, esos semáforos en rojo, ese cambio de horarios y de responsables en la matrícula de la universidad afectó en muchas formas no sólo a los protagonistas de sus historias, visto desde su punto de vista como actores principales de las mismas, sino a decenas o centenares de personas que si pudieran, quizá nos explicarían una historia completamente distinta para el mismo hecho (un camión cerrando el paso), y lo insólito sería que todas y cada una de esas historias tendrían completo sentido, y serían perfectas para ilustrar cualquier capítulo de cualquier libro al respecto.

Las casualidades parecen estar presentes constantemente en todos los sentidos, y son tan disparatadas que nos entra la risa al ver en muchas ocasiones cómo han sucedido los hechos. Pero hay cosas que se escapan del término *casualidad*, sobre todo cuando se repiten más de una vez, en más de una persona, a lo largo del tiempo.

¿Vive cada uno una realidad distinta a pesar de que muchos elementos de la misma parecen ser comunes para todos nosotros? Mi intuición me ha dicho siempre que las casualidades como tal no existen, sino que, de alguna forma, todo está sincronizado por «algo» más allá de lo que nosotros, como humanos, podemos abarcar. Ese día en el que oí el anuncio exacto, con las palabras exactas en el momento en que la pregunta acababa de cruzar mi mente, no podía por menos que sentirme en medio de algo fuera de mi control, y cuanto más lo pensaba, más me sorprendía y me sobrepasaba el hecho de que, para que un evento así hubiera tenido lugar, en el momento justo, con las palabras justas, algo en algún sitio debía haberse orquestado a infinitos niveles. Si, en mi caso, ese anuncio era una respuesta a una pregunta importante, ¿sería para otras personas quizás la misma frase del mismo anuncio también un mensaje de otro tipo? Y el anuncio que vendría luego, ¿era otro mensaje a otra persona que lo estaba necesitando de igual forma? ¿Era esto posible? ¿Puede cada uno de nosotros recibir mensajes y avisos, respuestas y pistas sobre aquello que necesitamos o deseamos de forma totalmente personalizada, aun cuando un mismo acontecimiento sea visto por muchas otras personas?

Algo me decía que sí. Y tenía que averiguarlo.

Un maravilloso mecanismo de comunicación

Si pudieras por un momento meterte en la piel de otra persona, oír lo que oye, ver lo que ve, y sentir lo que siente, te preguntarías honestamente en qué planeta está viviendo, y alucinarías al ver cuán diferente es su «realidad» de la tuya. Y lo más importante, ni en un millón de años volverías tan rápido a juzgar a los demás de nuevo.

El Universo

Difícilmente podemos entender de forma racional cómo es posible que a todos, constantemente, nos estén llegando mensajes o pasando cosas que parecen estar destinadas sólo a nosotros. Si todos compartimos la misma realidad, y todos escuchamos las mismas canciones, vemos los mismos anuncios o leemos los mismos libros, ¿por qué parece que en realidad en el momento justo esas canciones están hechas solo para nosotros, los anuncios sueltan el eslogan perfecto para esa preocupación que nos ronda la cabeza o siempre aparece la frase perfecta que habla sobre lo que habíamos estado interesados?

¿Qué está pasando aquí?

Las señales y eventos, las «notas» que nos va dejando a cada momento la vida, son indicaciones que nos ayudan a guiarnos por ella, a tomar ciertas decisiones o a salir de embrollos mentales. Nos obligan o nos apoyan a tomar ciertas acciones, si somos conscientes de las mismas, y, para quien cree en ellas, las busca y las sigue, se convierten en la brújula más infalible que jamás haya existido. Y lo que es mejor, están completamente personalizadas, para nosotros, y para nadie más.

Tanto los mensajes como los acontecimientos que nos suceden son eventos sincronizados, siempre cuando los necesitamos. No existe forma «humana» de calcular por qué y cómo puede llegar a nosotros algo que simplemente concuerda con lo que necesitamos vivir, ver, leer, sentir u oír. El universo está permanentemente enviándonos esas señales y situaciones; ¿sabemos leerlas? ¿Sabemos reconocerlas? No es nada fácil empezar a creer en ellas, porque todos las tildamos de casualidades, de encuentros fortuitos o de simples ocurrencias. ¿No se nos ha ocurrido que todo eso puede ser en realidad un montaje a gran escala para facilitarnos la vida, o, dicho de otro modo, que todo ocurra porque algo ha calculado que tiene que ocurrir así, porque es como lo necesitamos? ¿No podría ser que algún nivel en nuestro interior estuviera creando esas mismas situaciones y eventos para nuestro beneficio sin que nosotros nos demos cuenta, a nivel consciente?

Hay gente que no cree en las casualidades, pero tampoco se decide a interpretarlas como debería. Esa llamada en el momento justo, ese folleto que te dan en la calle y que resulta que es de un libro o conferencia que trata de un tema que quieres leer, esos números en el reloj que parece que se repiten constantemente y no eres capaz de averiguar por qué los ves siempre. Pareciera que detrás de todo esto hay una gran maquinaria puesta en marcha para que, a pesar de compartir todos una realidad común, cada uno tenga una realidad individual en la cual los acontecimientos que nos pasan están todos encaminados a hacernos la vida más fácil, o por lo menos, a hacer que nos dirijamos hacia donde debemos o queremos ir, saltándonos algunos pasos o escogiendo los caminos correctos para ello.

Evidentemente, el libre albedrío de cada uno es lo que luego nos hace aceptar o rechazar esas «señales del universo». Es como si te ponen un *post-it* en tu mesa que dice: *hoy coge el autobús en vez del coche para ir al trabajo.* Y resulta que no le haces caso y te vas como siempre en coche. Y resulta que en ese autobús iba una persona con la cual te ibas a tropezar y que iba a ser importante para ti, o donde se iba a sentar una pareja que iban a hablar de algo que a ti te interesaba enormemente oír.

¿Cómo podías saberlo? Pues no podías. No hay forma de saber si siguiendo una señal o no íbamos a conseguir algo. Porque no nos hemos perdido nada especial por ir en coche, pero quizás una de las cosas que queríamos solucionar se ha visto más retrasada por el hecho de no haber ido en autobús y no haber obtenido esa información.

Y es que las señales no son la respuesta a todo. El universo nos envía pistas, nos dice: «¡Hey, si vas por ahí o haces esto podrás llegar más rápido!» ¿Cómo diablos voy a saber yo eso? Mi libre albedrío y mi libertad de elección dicen que no le da la gana ir por ahí o hacer eso otro, y el universo nos dice, «no pasa nada, ya te enviaré otra situación en otro momento cuando pueda poner otras circunstancias en tu camino que te puedan ayudar a conseguir eso que tienes en mente».

Y es que es verdad. No pasa nada. Si tomamos un camino u otro simplemente estamos ejerciendo nuestro poder de decisión; nadie nos dice que debemos hacer caso al resto de personas, situaciones o eventos, pero ¿y si intentáramos entender por qué nos pasan a veces ese cierto tipo de cosas que parecen estar fuera de lo normal, o que, como mínimo, entran dentro de la categoría de «¡vaya casualidad!» cada vez que se nos presentan delante? ¿Y si hubiera un mensaje claro e inequívoco en ellas dirigido sólo hacia nosotros? ¿Y si estuviéramos nosotros mismos poniéndonos señales para llegar a conseguir nuestros objetivos?

Personalmente, ya no me quejo por nada. Cada vez que pierdo el metro por cuestión de segundos me pongo a pensar, OK, ¿qué hay por aquí alrededor que pudiera contener un mensaje, o, yendo más lejos, cuál será la razón por la que tenga que esperar aún tres minutos más? Me pongo a mirar los anuncios, a observar a las personas, y mira tú por donde a veces se me escapa una sonrisa, en algún rincón de la estación hay siempre algo que parece estar de acuerdo con alguno de mis pensamientos o preocupaciones. En otras ocasiones, cuando no consigo averiguar nada en ese momento, resulta que al salir de la estación a la que voy, tres minutos más tarde, veo un autobús que pasa con un anuncio que me dice algo y que seguramente no habría visto si hubiese llegado un minuto antes o un minuto después. Os dije en el prólogo que cuando te empiezan a pasar estas cosas uno parece volverse un poco paranoico.

¿Será que nos creamos nuestro mundo y la forma de interpretar lo que nos pasa en torno a esta forma de ver la realidad? Es posible que sea así. Porque en el fondo, se trata de eso, de «nuestra realidad». Lo que me pasa a mí no le pasa a nadie más. Vuelve a leer la frase que encabeza este capítulo. Otros han podido leer el mismo anuncio, o perder el metro por los mismos pocos segundos y nada tienen que ver conmigo, pero es que quizás, en su mundo, necesitaban perder esos tres minutos para que cuando bajen de su parada y salgan a la calle coincidan con un amigo que pasaba por allí en esos momentos.

¿Es relevante? Pues depende. Si el encuentro con esa persona es algo que esperabas o que necesitabas, sí lo es; si ese encuentro no aporta nada igual para ti, pues quizás no lo sea, pero igual lo es para tu amigo el cual, al verte, ha recordado algo o le has hecho tomar una decisión que no tenía pensado tomar. Y es que la sincronización de eventos que nos ocurren, y los posibles mensajes que podemos recibir de ellos siempre van ligados. Aunque lo primero no siempre viene acompañado de lo segundo (no siempre perdemos el metro para recibir un mensaje a través de la conversación de alguien que está parado al lado nuestro), no puede ocurrir lo segundo (que recibamos una señal en el momento justo en que debemos recibirla), sin que exista una gran sincronización de eventos y todo pase por «alguna razón». Al respecto de todo esto un buen amigo me dijo un día, «si fueras consciente de los cientos de miles de ramificaciones y efectos que tienen cada uno de tus actos, no podrías vivir con la carga de conciencia que supondría ver esos efectos en la vida de los demás». Y cuanto más lo pienso, más razón le doy.

Lo interesante es que las señales y los eventos sincronizados parecen siempre estar medidos y calculados al segundo, y todo en nuestra vida parece suceder al compás de un reloj tan exacto que, de no ser por ese milimétrico ajuste de sucesos, no conseguiríamos nunca nuestros objetivos. Lo difícil es racionalizar todo esto. Toda nuestra vida está sincronizada; ¿por qué o por quién? ¿De qué forma puedo ejercer yo mi libre albedrío y la toma de decisiones y ver cómo ese reloj cósmico vuelve a ajustar los millones de eventos alrededor de ésa, mi decisión, para que todo vuelva a estar en orden?

Es realmente para echar humo pensando al respecto, ¿verdad? Probad esto. ¿Y si intento engañar al universo, tomo una decisión y en el segundo anterior a ejecutarla hago otra cosa? Mmm... No parece funcionar. No sé qué eventos hubieran ocurrido si hubiera ido por esa calle y no por esa otra, que era inicialmente mi intención, pero diablos, ¿por qué entonces al tomar la segunda calle pasé por delante de la tienda donde encuentro precisamente el producto que llevo buscando meses?

Y es que, ¿quién ha engañado a quién? Realmente uno puede terminar algo trastocado si trata de esquivar, anular o no hacer caso a estas sincronicidades constantemente. En los dos primeros supuestos no se puede hacer nada, pues siguen sucediendo, queramos o no. En el tercero, ignorarlas, sólo lleva como mucho a tener anécdotas divertidas que contar y a no haber sabido aprovechar el significado y la posible ayuda que esa coincidencia ha podido traer a nuestra vida.

Esto es real, como dije al principio, todo esto le pasa a gente normal en su día a día. Los que se dan cuenta de ello se plantean cosas, los que no simplemente siguen su camino como si nada. Pero eso no le quita ni un ápice de veracidad a lo que nos ha pasado.

* * *

Una de las preguntas más recurrentes que aquellos que me han ido explicando sus sincronicidades me han hecho ha sido: ¿me estoy inventando todo esto? ¿Cómo es posible que desde hace una semana no hago más que ver el mismo anuncio por todos sitios, me encuentro a la misma persona varias veces o me veo en situaciones que apuntan todas hacia el mismo objetivo? Y, por supuesto, ¿de dónde provienen esas señales, mensajes, pistas y acontecimientos? ¿Qué elemento, fuerza o energía hace que todo encaje a la perfección?

Aunque el tema pudiera entrar dentro de las convicciones personales de cada uno, lo que yo puedo denominar aquí «el universo y sus notas» y, que más adelante veremos cómo se generan de forma más exacta, para otra persona puede tratarse de eventos puestos en su vida por Dios, por seres superiores o por lo que consideres oportuno y cuadre con tu forma de entender la vida, sin hacer aún mención siquiera a que quizás eres tú mismo, a otro nivel, quien estás generando tu propia realidad y todo eso que te está pasando. La religión no tiene un papel en estos sucesos, no se trata de que sigas tal o cual fe, que seas un erudito «nueva era» o que no creas en nada. Profeses lo que profeses, seas de la secta que seas, creas en la reencarnación o aproveches cada minuto porque «vida no hay más que una», lo curioso es que las señales te siguen llegando, los eventos sincronizados no paran nunca, y lo que es mejor, les da igual en qué creas o cómo interpretes el mundo para ellos.

Así, algunos creen que hay un mensaje para nosotros en todas y cada una de las acciones y situaciones por las que pasamos cada día, y otros dicen que eso no es posible. ¿Quién tiene razón? Pues depende. En realidad ambos. Para algunos de ellos quizás sí hay un mensaje y para otros quizás no. ¿Cómo lo sabemos? Solo tú lo puedes saber, porque solo tú vives tu realidad. El anuncio de enfrente de tu casa que pone «*just do it*»[1] es igual para todo el mundo, pero ¿por qué para ti que sales de casa dando vueltas al tema de si aceptar o no un nuevo trabajo, y que levantas la cabeza para verlo casi sin mirarlo, de repente es la causa de la revelación más importante que hayas podido tener en toda la semana? Probablemente nunca tuvo mayor repercusión en tu vida ese cartel que lleva meses ahí, pero en el cual nunca te fijaste. Y hoy, sin embargo, ¿a que parece que alguien te haya leído el pensamiento y lo haya colgado expresamente?

El problema es que la mayoría de las veces no somos conscientes de este tipo de cosas y no queremos o no sabemos verlas e interpretarlas, así que pasan delante de nosotros, bajo nuestras narices, disfrazados de oportunidades, problemas repentinos, encuentros fortuitos, puertas cerradas, puertas abiertas, charlas entre extraños y conversaciones con amigos, y un sinfín de formas, que, en el fondo, no son nada más que parte de la multitud de eventos que nos pasan cada día. ¿Te imaginas si supieras leer claramente cada

1 «Simplemente hazlo». Es el eslogan de una conocida marca de zapatillas deportivas.

momento y cada acontecimiento y entender el posible mensaje oculto en él?

Y es que el universo parece tener nuestra realidad individualizada, sabe exactamente dónde estamos y parece poder predecir nuestros próximos pasos. Es como si la energía transmitida con nuestros actos y pensamientos fuera recogida y puesta en un gran ordenador central que devuelve en el acto todas las posibles resoluciones y caminos que pueden derivarse de nuestras acciones. No sé dónde está ese símil de ordenador, pero he comprobado que funciona como si estuviera a mi disposición constantemente y siempre haciendo millones de cálculos, en líneas temporales, de todas las posibles salidas, acciones, eventos y situaciones que pudieran llegar a ocurrir con cada una de mis decisiones en cada segundo de mi vida.

¿Cómo funciona? La idea es la siguiente. Imagínate que sales de casa, a tu izquierda está la parada del autobús y a tu derecha tu coche aparcado. Tu momento de indecisión que es esa pregunta de «¿me voy en coche o en autobús?» genera un pensamiento. Ese pensamiento tuyo es recogido por ese superordenador universal que calcula ambos caminos según las acciones del resto de las personas que en esos momentos están en tu zona, los eventos que están sucediendo y todo un cúmulo de variables y posibilidades.

Bip Bip, si te vas en bus, encontrarás a tal persona en tal parada, habrá dos niños con dos camisetas con el mismo eslogan, el conductor del bus tendrá que modificar su ruta porque habrá un accidente en la calle y pasarás por delante de la tienda tal, etc. El camino del coche será calculado de igual forma. Y bien, ¿qué te conviene más? Basado en esos cálculos y según tus pensamientos y prioridades podrías tener la sensación de que te conviene ir mejor en bus hoy. No sabes por qué, simplemente algo te dice que por un día no deberías conducir. O podrías de repente ver cómo un coche pega un frenazo en la calle porque una pelota de un niño se le cruza por delante. Mmnn, venga, hoy me voy en bus.

Si eres consciente de las señales, probablemente actuarás sabiendo que ese frenazo en ese momento de indecisión te ayudó a inclinar la balanza hacia un lado determinado. Si no lo eres, quizás también decidas ir en bus por un sentimiento intuitivo de que es mejor que el coche, y finalmente, si es tu mente analítica la que decide y prefieres ir con tu aire acondicionado y escuchando la radio, te irás tranquilamente en coche y no pasará nada, aunque quizás te habrás saltado una o dos posibles claves y pistas que podrían haberte ayudado en ese momento en los asuntos de tu vida en los cuales estás metido.

¿Te has perdido algo? Quizás nada del otro mundo. El día a día no está lleno de acontecimientos de tal magnitud que supongan un cambio radical en tu vida. No has perdido la oportunidad de irte a trabajar a Australia con un sueldo millonario por no haber cogido el autobús. No. El día a día, la vida está repleta de millones de pasos infinitesimales. Girar a la izquierda en vez de a la derecha, comprar un libro y no otro, bajar por las escaleras o coger el ascensor, llamar a una persona o dejar la llamada para otro día. Esos pasos, por sí solos, no cambian nada, no modifican generalmente nada, y no tiene grandes consecuencias si nos lo saltamos o no hacemos caso a esa intuición, señal o mensaje que puede indicarnos qué era mejor hacer.

¿Mejor para qué? Mejor para conseguir un objetivo marcado por nosotros mismos. O, en caso de eventos extremadamente importantes, marcados por la vida, por nuestro destino, o por nuestra conciencia superior. Si mi objetivo es irme a trabajar a Australia, por seguir con el ejemplo, girar a la izquierda en vez de a la derecha, coger el bus en vez del coche o leer un periódico en vez de otro no será sino uno de los cientos de miles de acontecimientos que han de suceder para que yo llegue adonde quiero llegar. Pero ignorar un claro mensaje, o no prestar atención a posibles pistas sobre el camino más rápido, quizás no me aleje de mi objetivo, pero probablemente me retrasará. A veces lo imagino como un recorrido por esos pasillos interminables de esa conocida tienda de muebles sueca. El objetivo es llegar a la caja, situada al final de todo un camino trazado meticulosamente por la empresa para que pases por todos los departamentos, y vayas cogiendo otras cosas que quizás no comprarías si no pasaras por delante de ellas.

Imagínate tu vida como el recorrido en una de esas tiendas (lo siento por los poetas y los románticos), el universo sabe adónde quieres llegar, y te quiere ayudar a ello, así que te da pistas sobre dónde están los atajos que te hacen saltarte la sección de cocinas, dormitorios y decoración del baño para que llegues directamente a las lámparas, y de ahí, a la caja. Si no haces caso de esas indicaciones, andarás todo el camino, nada especial, nada malo por sí mismo y siempre es agradable coger nuevas ideas para decorar la casa; pero no te era necesario, y por eso tenías atajos a tu disposición.

Si en tu vida tenías que pasar por la sección de cocinas, porque allí está la vendedora que se va a convertir en tu pareja para el resto de tu existencia, probablemente todos los atajos que siempre están abiertos, ese día estarían bloqueados por obras en la tienda, y no tendrás más remedio que hacer el recorrido completo. Además, habrá llegado a tu buzón ese día un catálogo de muebles de cocina de esa tienda, probablemente en casa alguien te haya dicho que va siendo hora de cambiar el horno o el lavavajillas, y encima no harán más que poner anuncios de las últimas vitrocerámicas cada vez que enciendas la tele. Ahora, ¿sabrás ver la relación entre todo esto? ¿Sabrás notar que, cuando no tengas más remedio que hacer el recorrido entero en la tienda, cuando el 99% de las otras veces que has ido no lo has tenido que hacer, quizás es por alguna razón especial?

Es como si ese superordenador hubiera computado todos los posibles eventos que podrían ocurrirte, ha puesto los elementos y componentes de cada uno en marcha y a ti te ha pillado en el camino, decidiendo cómo reaccionar ante cada uno de ellos. Todo está perfectamente acoplado. Bienvenido. Has entrado en el dominio de lo que se denomina la «sincronicidad» y te estás adentrando en los mecanismos de creación de algo tan fantástico como tu propia realidad.

Parte II
GENERANDO NUESTRA REALIDAD

Sincronicidad y pensamientos creadores conscientes

¡Lo sé, lo sé! ¡Envíales un formulario para pensamientos! Ya sabes, una de esas listas de ideas claramente definidas que comunicará, informará, instruirá, guiará, curará o cualquier otra cosa que elijas. Solamente asegúrate que tienes claro contigo mismo el resultado que realmente buscas antes de enviarlo, porque, chico, realmente funciona, ¡especialmente cuando lo envías con amor! Es ridículamente fácil. Ya... Ahora te preguntarás por qué no lo has hecho así durante toda tu vida, hasta que te das cuenta, de una forma o de otra, que en realidad sí lo hiciste.
Vaya, lo he vuelto a hacer
El Universo

¿Qué es realmente la sincronicidad? Denominado por la mayoría de las personas como «casualidades», la sincronicidad es el principio que rige esa serie de circunstancias y acontecimientos que nos pasan en el momento justo, en el lugar idóneo, en la situación perfecta.

Cuando sin saber por qué, las cosas nos llegan cuando las necesitamos, nos encontramos con alguien que nos resuelve un problema cuando acabamos de pensar en él, o aparece la puerta abierta por arte de magia para el siguiente paso que hemos de dar tras haber completado el anterior, eso es la **sincronicidad.** La sucesión de acontecimientos en pos de un objetivo marcado, consciente o inconsciente, que tachamos de casualidades porque nos sorprende que todo esté ocurriendo de forma tan perfecta y lineal.

La lista de cosas que nos pasan cuando estamos metidos en algo, justo en el momento en que necesitamos que pasen, puede ser infinita. Como cuando estamos dándole vueltas a un tema que nos preocupa y de repente un amigo nos deja un libro, cuando queremos conseguir un determinado objeto y oímos una conversación entre dos personas hablando de la tienda en la que acaban de traerlo, cuando resulta que estamos pensando secretamente en cambiar de trabajo y un compañero comenta que ha oído que en la empresa X buscan a alguien, etc. Todo aquello que marcamos como casualidad forma parte del mundo de la sincronicidad.

La sincronicidad, sin embargo, a pesar de toda la importancia que tiene en nuestra vida y en los sucesos que nos ocurren en ella, no es más que el mecanismo de trabajo de lo que se conoce como la Ley de la Atracción, o más generalmente, de los sistemas de creación de lo que nuestros cinco sentidos perciben como «real», de forma consciente (en los capítulos siguientes hablaremos de la creación «inconsciente» de la realidad). Imagino que no hay nadie que no haya oído hablar de la Ley de la Atracción y de todo lo que se ha creado alrededor de la misma. Con el lanzamiento de las películas de *«The Secret»* («El Secreto») o *«What the bleep do we know»* (¿Qué rayos sabemos?), se empezaron a generar montones de libros, artículos, programas de autoayuda, etc., que intentan explicarnos qué es la Ley de la Atracción y cómo hacer que venga a nuestra vida todo aquello que deseamos (no es que el tema no existiera antes, es que no era tan conocido por las masas). Sin entrar en conceptos o evocaciones de lo que el marketing nos haya podido vender como la Ley de la Atracción, vamos a tratar de explicar cómo es posible que nos sucedan los eventos justos en los momentos justos.

Nuestra premisa básica es que todo en el universo, toda la creación, todo lo que existe, es energía en diferentes estados, vibrando a una frecuencia determinada. El concepto de vibrar a una cierta frecuencia es como decir que aquello que vibra o resuena a poca frecuencia es más sólido, y aquello que vibra muy rápido, a una frecuencia muy alta, es más «etéreo». La parte más pequeña de un átomo es pura energía, y vibra también a una frecuencia determinada. En realidad, la física cuántica va más allá, y nos dice que las partículas más pequeñas que conforman las partes más pequeñas del átomo ni siquiera existen como tales, sino que se encuentran en estado de «onda» y sólo se colapsan en algo «físico» cuando alguien las observa. Es decir, que ni siquiera el núcleo central sobre el cual está construida nuestra realidad es algo físico, sólido y tangible; sólo se convierte en algo «físico» cuando es observado, mientras tanto no es más que una pura onda energética que ofrece múltiples posibilidades.

Una roca, una flor o Saturno, todos estamos formados por esa misma energía, esas mismas ondas que forman los componentes primarios de los átomos, que se colapsan en estado más o menos sólido, cada uno con su frecuencia vibratoria específica, pero manteniendo el mismo componente básico: ese núcleo energético. Así como nuestro cuerpo físico es energía con ciertas características (billones de átomos organizados en células, órganos y demás), que ha tomado cierta forma, nuestros pensamientos y sentimientos emiten a su vez energía a una frecuencia determinada. Es esencial comprender esto. Es el punto principal del capítulo. Cada vez que piensas algo, emites energía de cierto tipo, que forma ese pensamiento que has tenido.

Cuanto más focalizado o intenso es el pensamiento o sentimiento, más directo es el haz energético creado o lanzado al exterior. Piensa por ejemplo en tu voz. Cada vez que hablas, cantas, gritas o susurras, envías un haz de energía hacia fuera. Esta energía puede ser captada por los oídos de las personas que te escuchan, o por cualquier grabadora, micrófono o radiocasete. Cuando piensas, emites el mismo tipo de energía con cada uno de tus pensamientos, de diferente tipo y frecuencia, solo que no tienes a tu disposición, físicamente, un artefacto que te permita ver o medir esa energía que sale constantemente de tu cabeza.

Al igual que cuando gritas concentras mucha energía en un solo haz sonoro, cuando concentras tu pensamiento fijamente en un solo concepto, emites una energía focalizada en ese tema. En este caso, la energía de tu pensamiento se disipa por el aire, por el mundo, por el universo. Esa energía tiene una cierta potencia y llega hasta un cierto punto. Al igual que tu voz se oye bien a pocos metros de distancia y nada a dos kilómetros de tu casa, tu pensamiento concentrado llega hasta cierto punto, aunque al tratarse de una energía con una frecuencia vibratoria más alta, llega mucho más lejos aun con poca potencia que cualquiera de los gritos que puedas dar.

Aquellos que tienen desarrollados el sentido de la telepatía, pueden «captar» esa energía de otra persona, en la cual se están concentrando a su vez, de forma que, aun estando separados por enormes distancias, son capaces de sintonizar su mente a la frecuencia del pensamiento del otro. Es igual a que alguien que tiene un oído muy fino, puede captar lo que tú y yo decimos a una distancia mayor que el resto de personas que puedan escucharnos, primero porque nos está prestando atención adrede, pero, además, porque puede captar la voz de otras personas que hablan con un tono muy agudo, por ejemplo, y que aquellos con un oído más atrofiado tendrán dificultad en escuchar.

Así, esta energía generada por los pensamientos no sólo puede ser captada por una persona con cierta sensibilidad telepática, sino que, además, toda la mente universal (el inconsciente colectivo, la suma de todas las mentes del planeta), puede sintonizarla y escuchar lo que nuestro pensamiento está pidiendo. Este es otro de los puntos cruciales que hay que entender. Todo lo que pensamos se lanza al espacio o a lo que quieras imaginarte, formando como una gran capa energética donde las mentes de todos los habitantes del planeta convergen y se sintonizan (normalmente se dice que el inconsciente colectivo se haya en un nivel frecuencial ligeramente superior a la tercera dimensión en la cual existimos). Si seguimos con el ejemplo de la voz, imagínate todas las conversaciones, gritos, susurros, palabras, sonidos emitidos por todos nosotros, flotando en el aire, muy por encima nuestro, y permaneciendo allí por algún tiempo antes de disiparse al perder su potencia, y que todos aquellos que tienen un buen oído, pueden sintonizar y escuchar cualquiera de los sonidos que flotan ahí arriba durante el tiempo de existencia que tienen.

Al contrario que la voz, los pensamientos y la energía que contienen tienen una característica muy especial que dice que «lo semejante se atrae». El concepto exacto es que, aquello que es igual, acaba por terminar junto. Cuando emites «A», tu energía atrae más de «A», si cambias a emitir «B», atraerás hacia ti todo lo que tenga «B», sean estas letras sinónimo de emociones, deseos, sensaciones, o eventos reales. Aquello que emites es principalmente lo que da la indicación de que es lo que siempre atraes o atraerás hacia ti y lo que conformará tu vida, la que tus cinco sentidos pueden percibir como «real».

¿Qué significa esto?

Piensa en tu mente como un imán para describir el concepto de por qué sistemas energéticos de la misma frecuencia tienen tendencia a atraerse unos a otros. Los núcleos de energía básica que componen nuestros pensamientos son como imanes que buscan juntarse con otros núcleos energéticos de la misma frecuencia y con las mismas características. Nosotros, como seres humanos, somos el compendio y la suma de millones de células, cada una con sus millones de átomos, cada uno vibrando a una cierta frecuencia ligeramente diferente del resto (es lo que hace que un mismo núcleo energético básico se pueda convertir en una célula para el corazón o en una célula para el hígado). Aquello que emitimos, somos, o pensamos, no es sino un gran imán para todo aquello «de ahí fuera» que concuerda exactamente con nuestras mismas características. Es como ponerle una etiqueta a cada pensamiento de forma que diga «unidad energética 1, potencia 12, vibra a frecuencia X y contiene la imagen de un coche rojo». Y eso sale disparado al inconsciente colectivo flotando por algún sitio encima de nuestras cabezas (simbólicamente). En la mayoría de los casos, esta energía se disipa y se desvanece antes de que ese pensamiento actúe como el imán que es, detecte y atraiga energía similar a ella y convierta esa energía en algo real. Sin embargo, como decimos, en la mayoría de los casos, para nosotros, «aquí abajo» nada sucede en realidad porque nuestro pensamiento se ha disipado mucho antes de que ningún proceso «de atracción» pudiera llegar a ocurrir. Nuestro imán no ha tenido tiempo de hacer su trabajo.

Si lo que queremos es atraer algo a nuestra vida de forma consciente, la forma que la materialización de nuestros pensamientos cobrará, mediante ese impulso energético, desde el momento que deseamos algo hasta que aparece, pasa por diferentes estados o fases y tiene diferentes requisitos que han de ser cumplidos. Principalmente, el mayor obstáculo a nuestro poder de atraer lo que deseamos, como imanes que somos, es el tiempo que tarda en materializarse ese algo y llegar a presentarse en nuestra realidad, ya que depende de muchos factores, siendo uno de los más importantes el nivel de resonancia vis a vis con el deseo emitido (es decir, la vibración nuestra global que sea de la misma frecuencia que la de esa cosa o persona que queremos atraer).

Así, es extremadamente fácil entender por qué no podemos hacernos millonarios de la noche a la mañana, por qué no atraemos a la persona de nuestros sueños, o por qué sólo nos pasan «desgracias».

Sólo atraemos las cosas cuando estamos en el mismo nivel «frecuencial» o vibratorio que aquello que deseamos, o dicho de otro modo, sólo podemos atraer aquello que es igual a nosotros, energéticamente hablando, cuando nuestro pensamiento tiene las mismas «vibraciones» y componente energético que aquello que estamos deseando. Evidentemente eso es algo que puede retardar que aparezca en tu vida ese amor soñado, ese millón de euros o el chalet en Ibiza.

Es muy difícil vibrar al nivel exacto de la persona que representa tu príncipe azul, a no ser que ya la conozcas, y puedas mentalmente emitir y sobre todo sentir todas sus características, pero se puede vibrar a la frecuencia del amor, de la abundancia, etc., de manera más general, de forma que tu imán pueda encontrar algo que pueda atraer hacia ti, que encaje en esa imagen tuya (hablaremos mucho más sobre esta forma de enfocar nuestros deseos de forma efectiva en los capítulos siguientes). Sí que, sin embargo, atraerá fácilmente a tu vida todo aquello que concuerde con tu vibración actual. Si esa vibración tuya es igual a la vibración del temor, del miedo, de la inseguridad, de la no satisfacción con la vida, seguirás atrayendo todo aquello que represente cómo ves tú el miedo, la inseguridad y lo mal que van las cosas, mientras no cambies aquello que estas emitiendo. Analiza cómo es la gente que tienes alrededor, cómo es tu entorno, cómo vives, y entenderás cómo eres tú mismo en este momento, y qué está saliendo del manantial de emisiones que representa cada célula de tu cuerpo.

¿Qué significa eso? Simplemente que no puede sucederte nada con lo que no resuenes al mismo nivel que el evento que quieres que pase, sea algo físico, como conseguir algo material, o sea algo intangible, como encontrar a la persona ideal. Si, por las circunstancias que sea, algo así termina en tus manos, posiblemente lo terminarás perdiendo de nuevo, a no ser que hagas el esfuerzo y el trabajo interno necesario para ponerte «al nivel» de aquello que has recibido (de ahí que personas que reciben inesperadamente una cantidad de dinero muy superior a aquella que están acostumbrados a tratar, la pierdan en pocos meses para volver al estado financiero que resuena con ellos, en el que estaban con anterioridad, a menos que aprendan a vibrar rápidamente al mismo nivel que la nueva situación económica trae consigo).

¿Qué otro factor es importante en la consecución de lo que uno desea, o qué otros factores influyen en materializar en nuestra vida eventos casuísticos de uno u otro tipo?

Básicamente el principal componente y artífice de que algo nos ocurra, cuando lo deseamos, es la intensidad con la que mantenemos ese deseo. No es lo mismo que nuestro «láser» mental esté 24 horas enviando una gran cantidad de energía toda con la misma información, que una vez a la semana pienses en algo, y no vuelvas a acordarte hasta el mes siguiente. Por ejemplo, en la situación de Patricia y su amiga en Lisboa que hemos comentado, el hecho de que Patricia hubiera pensado tanto en los días anteriores en ver a su amiga, creó un haz de pensamiento con una cierta frecuencia y una cierta intensidad, que, como veremos más adelante en detalle, propició la serie de acontecimientos que hubo de llegar a producir el encuentro entre ambas.

Éste es un punto tan crucial que no hay forma de esquivarlo. Si tienes en tus manos un cañón de agua y quieres moldear una piedra con él, ¿cómo lo conseguirás de forma más rápida? ¿Dedicando dos horas cada día a plena potencia o diez minutos cada fin de semana que te acuerdes?

El problema es cómo se mide ese pensamiento, esa energía y cómo se puede transformar en algo tangible en nuestro mundo. ¿Cómo hago primero para mantener el nivel de lo que quiero y luego para ponerme a la altura «frecuencial» que necesito para recibirlo?

Para empezar, tu pensamiento, el primer haz de energía que envías cuando piensas en algo o generas un deseo, y que se denomina, o nosotros vamos a llamar, impulso «alfa», tiene diferentes niveles de potencia y alcance. Un deseo débil, con dudas, con ahora lo quiero ahora no lo sé, no genera más que una débil onda con el contenido energético de aquello que queremos conseguir.

Un deseo fuerte, constante y seguro, es como un haz potente que va directo a buscar en el universo esa energía que concuerda con la imagen del deseo a atraer. Este proceso es idéntico para todo aquello que se nos pasa por la cabeza, seamos conscientes de ello o no, y puede venir de lejos y estar oculto en nuestro subconsciente mucho antes de que nuestra mente se entere de ello. Aún es pronto para aventurarnos a decir que el cartel del anuncio de *«just do it»* fue puesto en la valla delante de tu casa porque tu subconsciente atrajo hacia ti ese mensaje, en un proceso que se inició justo el día en que decidiste enviar tu curriculum a ese trabajo y sin saber que, unos días más tarde, ibas a tener que decidir si cogerlo o no. Pero el hecho es que la frase exacta estaba ahí en el momento exacto, y que tú la has atraído cuando la has necesitado y ni siquiera te has enterado de ello.

Volvamos de nuevo al proceso de manifestación de nuestros deseos. Una vez hemos generado nuestro deseo (consciente o inconscientemente), el inconsciente colectivo nos responde con lo que se denomina la reflexión Beta. Es una especie de «acuse de recibo», un reflejo de la energía que emitimos que nos es devuelta, como un pequeño espejo colocado en algún punto ahí fuera que hace que una parte del haz de nuestro pensamiento rebote y nos venga de vuelta, indicándonos que se ha recibido nuestra petición. Funciona de forma casi instantánea y sutil, de forma que no siempre nos damos cuenta, porque el componente energético y frecuencial de ese acuse de recibo es pequeño, y ajustado siempre a aquello con lo que nosotros vibramos, pero no deja de ser algo real y que hace que, cuando te das cuenta del mismo, tu vida cambia realmente. Ejemplos de esta reflexión beta es, por ejemplo, querer manifestar cierta cantidad de dinero y de repente nos encontramos 5 euros en un bolsillo de un pantalón viejo, o escuchamos casualmente una conversación relacionada con el tema con alguna indicación referente al deseo de incrementar el dinero. La reflexión beta no falla nunca, pero no todo el mundo sabe detectarla y viene siempre perfectamente sincronizada con nuestro deseo, el mensaje justo, el momento justo, la conversación justa. A veces una señal no es más que una reflexión de un deseo o pensamiento que acabamos de tener.

Como imanes que somos, puesto que atraemos hacia nosotros aquello con lo que somos compatibles e iguales, para poder conseguir que aparezcan en nuestra realidad esos eventos o situaciones que necesitamos, debemos mantener la «concentración» y nuestro «láser» enfocado para que la energía que enviamos encuentre, en esa enorme «balsa de pensamiento» universal, aquello que queremos. Se trata de pasarnos días pensando intensamente en la casa de nuestros sueños, nuestro nuevo trabajo o las vacaciones del año que viene. Todo esto, por supuesto, cuando estamos trabajando a nivel consciente.

Tus pensamientos crean tu realidad, ¡escoge los mejores!

El problema es que este esfuerzo mental por mantener nuestro pensamiento enfocado en nuestro deseo no tiene resultado si, por otro lado, no nos acercamos al nivel frecuencial de eso que queremos. En este caso, la única forma de vibrar al mismo nivel que aquello que anhelamos es por medio de nuestros sentimientos. «Sentir» aquello que deseamos como si ya lo tuviéramos es incorporar a nuestro campo energético la vibración de esa imagen. No tiene secreto. Atraer algo hacia nosotros que no tenemos, de forma consciente o inconsciente, pasa por adecuarnos al nivel de esa cosa, y son nuestros sentimientos, imaginación y emociones las herramientas para conseguirlo. Es la fórmula mágica de todos los libros que tratan este tema. Está muy bien pasarse tres horas al día meditando sobre aquello que quieres, pero si tú no estás listo para recibirlo se quedará a dos palmos de tus narices. Sólo sintiendo y visualizando las emociones que te producen el hecho de haber conseguido algo, elevarás tu nivel energético para ajustarlo a lo que quieres.

Es decir, si quieres un coche nuevo, produce mejores resultados y en menos tiempo sentir (imaginar y tratar de reproducir) la sensación de conducir esa maravilla mecánica, el viento de la ventanilla, los fantásticos asientos de cuero, la potencia del coche, que acordarte de ello esporádicamente. Tu imaginación y un poco de voluntad pueden hacer el resto.

Es en esta fase cuando la mayoría de personas abandonan y cuando sus ondas de deseo se diluyen. Es realmente mucho trabajo, y requiere mucho esfuerzo. En nuestro día a día no estamos preparados para ello, y preferimos las cosas «como vengan», aunque luego nos quejemos de ello. Pero es que, como comentábamos, para conseguir resultados debes estar preparado para recibir lo que pides, y debes dar tiempo a que esto aparezca en tu realidad, a que tu imán atraiga lo que ha salido a buscar ahí fuera, y a que tu nivel se ajuste a aquello que tu imán va a traerte. La clave es mantener constante el sentimiento de que ya tenemos lo que hemos pedido, que ya es parte de nosotros, y esto puedes hacerlo de muchas formas: visualizando, con afirmaciones, concentrándote cada día en ello, etc.

Mientras tanto, en paralelo, el universo empieza a hacer su trabajo, y empieza a buscar para ti esas energías que concuerdan con tu frecuencia para hacértelas llegar. En cierta forma, nuestra parte es la parte más fácil. Y aun así, qué poco la aprovechamos.

La Ley de los Opuestos

Hagamos un inciso para explicar un tema colateral pero muy importante en este punto: la Ley de los Opuestos, pues es parte del proceso de manifestación iniciado en el momento en que lanzas tu petición «ahí fuera». Vivimos en un universo dual. Es decir, todo lo que forma parte de este universo, donde se encuentra nuestra galaxia Vía Láctea, donde está nuestro Sistema Solar, donde está nuestro planeta Tierra, se rige, entre otras, por la ley de la dualidad. La creación de todo lo que existe, partiendo de la base de energía infinita en estado de reposo que llamamos AMOR (no como concepto romántico, que también, sino como la fuerza universal que es la creadora de absolutamente todo), nace a partir del concepto de dualidad: para que algo se cree, también se ha de crear su contrario.

Es decir, nada puede existir sin su opuesto. Por tanto nada, en nuestro mundo, puede conocerse si no se conoce lo que representa su contrario. No puedes entender la luz si no conoces la oscuridad (o falta de luz), no puedes entender y experimentar la libertad si no conoces la dependencia o esclavitud (del tipo que sea), no puedes conocer la abundancia si no existe la falta de recursos. Todo tiene que tener un opuesto en este mundo para poder conocerlo y vivirlo en todo su esplendor, y, aunque no queramos reconocerlo, si no existiera ese opuesto, que la mayoría de veces siempre vemos como negativo, jamás podríamos disfrutar plenamente de lo que somos, queremos y experimentamos.

El frío no puede existir sin el calor, y el blanco sin el negro. Aunque sólo queramos vivir en sitios donde haga calor, tiene que existir un sitio donde haga frío para que ello sea posible. Aunque sólo sea en un pequeño rincón minúsculo de un pequeño sitio del planeta, pero el opuesto de todo aquello que existe en nuestra realidad tiene que estar representado en algún nivel de la misma, para que nosotros podamos apreciar y experimentar eso que estamos deseando.

Por eso, si quieres crear algo, manifestar alguna cosa en tu vida, se tiene que crear su opuesto también. Y si ves que cuando deseas algo con todas tus fuerzas, lo que ocurre es que primero ves aparecer ante ti precisamente lo contrario, en vez de echarte atrás y pensar que el proceso de creación consciente no está funcionando, lo que tienes que hacer es alegrarte porque, precisamente, ese proceso está yendo a toda máquina. Es lamentablemente en este punto cuando mucha gente empieza a quejarse de que algo no funciona, y abandona.

Es como cuando queremos manifestar más abundancia y de repente vemos cómo baja nuestra cuenta bancaria por un gasto inesperado o perdemos alguna posesión, o cuando queremos manifestar más libertad y de repente nos llegan más compromisos y más ataduras por todos lados. Pero eso no es sino que estamos en el buen camino. El efecto de creación del opuesto pasará eventualmente y nosotros terminaremos disfrutando de aquello que habíamos querido crear en un principio; sólo que, para que eso sea así, primero el universo debe crear la parte contraria en la cual tu deseo pueda cobrar vida en tu realidad. Remarco esto último, tu deseo se ha de manifestar en tu vida, de forma que su opuesto también se ha de manifestar en tu vida, pero no necesariamente en la de los demás.

Cada vez que quieras hacer algo con toda tu energía, y te esté pasando precisamente lo contrario, déjalo actuar, no lo resistas. Es parte del proceso. No pongas energía y tiempo en enfrentarte a aquello que llega a ti cuando estás trabajando precisamente para crear lo contrario, pues es parte del método universal de creación de todo lo que es.

Si ocurre algo que te molesta o que no es lo que quieres, pero que está precisamente relacionado, en el polo contrario, con aquello que estás intentando conseguir, no le ofrezcas resistencia. La energía de ese evento, hecho o situación pasará, como hemos dicho, para ocupar su lugar en el balance de todas las cosas y dar lugar a aquella que representa lo que realmente estás intentando alcanzar. Si te enfocas en el opuesto, le estás dando poder, le estás prestando una atención que no necesita y estás entorpeciendo el proceso de manifestación de lo que sí que quieres de verdad. Ya sabes, lo que resistes, persiste, así que déjalo pasar, y pronto se desvanecerá.

¿Qué pasa con la ley de los opuestos cuando «se aplica» a nivel global, a escala planetaria? Nunca me he atrevido a decir que para que unos vivan en la abundancia otros tienen que vivir en la miseria. Me resulta extremadamente fuera de lugar y difícil de aceptar que para que unos vivan felices otros tienen que ser infelices o para que exista algo en un sitio, en otro debe dejar de existir, sobre todo cuando hablamos de cosas o necesidades básicas del ser humano. Hasta ahora no había encontrado una respuesta a esto, hasta que gracias a unos comentarios que leí de Neale Donald Walsch (el autor de *Conversaciones con Dios*, una serie de libros más que interesantes y recomendables) he entendido que esto no tiene por qué ser así.

A nivel personal, en la realidad de cada uno, la creación de algo pasa por la creación de su opuesto, pero esto no tiene mayor trascendencia que el pequeño impacto y beneficio que tiene en nosotros como personas. A nivel de la humanidad, del planeta y de la conciencia planetaria, esto no es del todo exacto. Para que el planeta viva en la abundancia, debe existir la falta de esta en algún sitio, sí, pero no necesariamente como representación material o real en este mismo planeta, sino como concepto, a nivel de planeta, es decir, en otras realidades. El universo no trabaja con sillas, trabaja con «energías», con representaciones y abstracciones de eso que queremos. Si la conciencia del planeta, en su conjunto, decidiera crear una realidad en la cual todos somos felices, tenemos de todo y vivimos en armonía, los conceptos opuestos de infelicidad, falta de recursos y problemas no tendría porque ser una realidad física en nuestro planeta, sino existir solo como concepto en una realidad superior. ¿Qué significa esto? Que para que algunos vivan bien, no es necesario que otros vivan mal, y que si yo soy capaz de crear una vida fantástica gracias al poder de mis pensamientos y acciones, todo el mundo, en cualquier rincón de la Tierra, puede hacer lo mismo.

¿Es esto cierto? Lo es, pero, espera, parémonos un momento a reflexionar sobre la frase anterior porque aquellos que estén leyendo el libro y estén sufriendo y pasándolo mal seguro que tienen algo que decirnos al respecto. Y es que ¿qué opinarán de este concepto las personas que pasan hambre en África o son víctimas de la guerra? A mi me seguían sin cuadrar algunas cosas.

Si es tan fácil aprender a manifestar la casa de nuestros sueños, el amor de nuestra vida, el dinero suficiente en el banco, el trabajo perfecto, etc., ¿porque no enviamos cientos de miles de manuales y cursos a todas las personas que sufren, que pasan hambre, que viven sumidos en países explotados, en medio de guerras o condiciones infrahumanas y les ayudamos a que cambien «sus pensamientos» y usen la Ley de la Atracción para mejorar sus vidas?

En teoría, esto puede ser tan fácil como usar los métodos que llevamos describiendo todo el capítulo: pensar lo que queremos, visualizarlo día y noche, vibrar a la frecuencia de eso que deseamos y verlo reflejado en nuestra vida. Pero, si es así, ¿no estaríamos diciendo que los que pasan hambre, mueren por culpa de la guerra en las decenas de conflictos armados del mundo o no tienen agua que beber es porque se lo han buscado con su pensamiento «incorrecto»? Algo no cuadra. ¿Cuál es la respuesta a esta pregunta?

La respuesta es que, efectivamente, la causa del gran sufrimiento de la humanidad, es la manera de pensar de la humanidad. Aunque no es tan sencillo como la frase parece querer indicar. No se trata solo del pensamiento de los que sufren. Se trata del pensamiento de todos.

He tenido que escribir el capítulo entero poniendo en orden mis pensamientos sobre el Destino y el Libre Albedrío (un poco más adelante en este libro), y haber tenido una «revelación» sentado en una playa para entender que, efectivamente, muchos de los que sufren y viven en estado de problemas constantes, llegan a creer que realmente «eso es lo que les ha tocado vivir y es lo que hay». Muchos se han rendido, han tirado la toalla y no han luchado (no han podido, no han encontrado la forma) para rebelarse ante la situación en la que han nacido y en la que viven su existencia.

El pensamiento de la gente que sufre, en este caso, tiene también un papel en la representación de la realidad en la que viven; se han encontrado algo hecho, un mundo con unas condiciones y unas realidades que se han integrado en su forma de pensar, y pocos tienen energía o una forma de ver su realidad que, aunque poco, crean que puede ser cambiada, y con ello, cambiar, en la medida de lo posible, su situación. Pero ese no es el verdadero problema.

El problema principal es que el hambre, el sufrimiento de algunos pueblos, culturas, etnias, están siendo mantenidos y sostenidos, y muchas veces aumentados, por la conciencia colectiva del planeta. El inconsciente colectivo de todas las mentes del planeta:

los que viven en abundancia y los que viven en la miseria, los que son felices y los que no, los que pasan hambre y los que comen cada día en restaurantes Michelín. Y es que muchos de aquellos que estamos «en este lado», proyectamos y seguimos proyectando en el inconsciente colectivo la imagen que «tenemos» de aquellos que están «en aquel lado», lo cual hace que la realidad de los que están «en aquel lado», siga siendo mucho más potente y difícil de cambiar por las mentes individuales de los que viven allí, aunque lo intenten. Lo peor de todo es que esta imagen se ve constantemente reforzada por todo aquello que consumimos y vemos, que nos llena la cabeza de basura mental y que nos proyecta una realidad al gusto y conveniencia de unos pocos, para desesperación de muchos.

Muchas veces, incluso, nuestros pensamientos les otorgan a estas personas cierta «culpa» de su situación o simplemente ignoramos las peticiones de ayuda. Pensamos que los problemas que puedan tener se los han podido buscar por alguna razón, o, sino, preferimos no pensar en «aquel otro tipo de vida». Este muro, esta realidad creada por las mentes de todo el planeta sobre la situación en una o más regiones, países, lugares, hace extremadamente difícil que las personas que vivan en el, puedan siquiera llegar a plantearse cambiar la realidad cambiando su forma de pensar.

Vivimos en una sociedad en la cual «manifestar un coche nuevo» tras haber comprado «El Secreto» es relativamente fácil. El inconsciente colectivo de nuestra «zona» está más que abierto a esa posibilidad, incluso diría que la potencia, por el nivel de vida y el deseo de más de una persona de obtener lo mismo. Todo eso está en ese inconsciente colectivo que puede o bien actuar como amplificador de nuestros deseos, o bien como un muro infranqueable para aquellos que desean romper una realidad impuesta y no deseada.

Los pensamientos combinados de la multitud ejercen literalmente su poder sobre la vivencia de unos pocos. Mientras billones de personas en el planeta proyecten su imagen de niños en África muriendo de hambre en su cabeza, esas serán las frecuencias que saldrán a reforzar esa realidad ya extremamente arraigada y establecida en algunas zonas, y no habrá nadie que pueda cambiar esa realidad desde dentro. Todos estaremos contribuyendo a anular esos esfuerzos de pensamiento «positivo». Es muy difícil para un solo individuo superar con su poder «mental» la barrera que forma el inconsciente colectivo cuando toda la situación de un determinado lugar, tiene a millones de personas creando un tipo de realidad, y unos pocos en el interior de la misma, preguntándose que han hecho para merecerla.

Lo queramos o no, todos tenemos un papel importante en lo que pasa en el planeta, la cuestión es si aceptamos la responsabilidad o no que nos toca por ello, ya que «en este lado» del inconsciente colectivo hemos encontrado la forma de visualizar y sentir que ya tenemos lo que queremos, y gracias a la proliferación de explicaciones sobre como hacerlo, todo lo que se cuenta sobre la Ley de la Atracción es más que cierto y factible, el problema es que para muchas otras personas, esto es realmente difícil. Como hablaremos también en el capitulo de la decodificación de la realidad, veremos que existen intereses globales que prefieren que las cosas se mantengan tal y como están, pues el beneficio de unos pocos depende a veces del sacrificio de muchos.

Es un tema que merece que le demos algunas vueltas en nuestra cabeza, sobretodo cuando comprendemos los efectos que puede acarrear.

Pero volvamos pues a nuestro deseo, y a la explicación del proceso que sigue para llegar a convertirse en algo «real», que ya se ha convertido en una obsesión que no nos deja ni dormir (buena señal, en este caso) y retomemos nuestra explicación sobre las fases por las que pasa para ser manifestado. Es a partir de aquí, y no antes, cuando empezarán también a llegarte las oportunidades o indicaciones que debes tomar o hacer para encontrarlo.

Es decir, sí, puedes tener todo lo que desees. Pero has de salir a buscarlo.

Estamos en el momento crucial en el cual empezarán a llegarnos «señales del universo», mensajes y acontecimientos que nos dan pistas sobre cómo llegar a nuestro destino, a aquello que queremos, a aquello que ni siquiera sabemos que queremos pero que nuestro inconsciente sabe que necesitamos. Es realmente toda una aventura irse dando cuenta de esos pequeños logros sincronizados que vamos viviendo.

Cuando todo tu empeño está en irte a trabajar a Australia, de repente empiezan a llegar llamadas de alguien que ha visto tu curriculum en Infojobs (y donde tú no te acuerdas siquiera de haberlo subido) preguntando si estás interesado en trabajar en el extranjero. Personas que te conocen, pero que no tienen ni idea de tu deseo de cambiar de empleo, te dicen que Australia ofrece los mejores trabajos del mundo y te dan una web «curiosa» para que la veas, pues salió ayer en las noticias y es el comentario del día. El libro del escritor tal, hablando sobre el mismo tema, te llega, como regalo, tras incrementar tu saldo en el banco, o invitaciones para visitar la empresa que va a abrir una nueva oficina en Sidney en una jornada de puertas abiertas aparece en tu mesa sin saber de dónde salió.

El imán parece estar actuando a toda potencia y tú aún ni siquiera sabes cómo ni por qué. Así, poco a poco, a medida que sigues dándole vueltas a tu deseo, las cosas se hacen más aparentes y más directas. Aparecen por arte de magia antiguos compañeros que trabajan ahora allá donde tú deseas estar, la persona que vio tu curriculum se lo envía a otra compañera porque quizás le encaja mejor con lo que están buscando y te llaman para una entrevista, te ves de alguna forma empujado a mejorar tu inglés con gente que acabas de conocer, y cien cosas por el estilo más.

Y es que todas estas oportunidades, situaciones y eventos no tienen sino la finalidad de prepararte poco a poco para recibir lo que has pedido o bien para indicarte el camino hacia dónde vas a encontrarlo, aun cuando tú no lo sepas o no seas capaz de analizarlo de ese modo. Porque hay que estar atento y saber reconocer las puertas que se abren, porque la mayoría de las veces, si no se cruzan, tardan tiempo en volver a abrirse. Como decía Paulo Coelho en *El Alquimista*: *«cuando deseas algo, todo el universo conspira para que lo consigas«.*

La sincronicidad funciona a pleno rendimiento, nos coloca delante de la puerta justa, abierta de par en par durante un breve lapso de tiempo, nos pone en medio de situaciones y berenjenales en los cuales no comprendemos cómo hemos podido llegar a encontrarnos en situación semejante, nos empuja para un lado y nos bloquea el camino del otro, y todo esto para ponerte de cara con aquello que estabas deseando, y sin saber cómo ni en qué momento has llegado a encontrarlo.

Claro que todo esto es muy bonito cuanto a deseos conscientes, de los cuales somos completamente responsables por saber en todo momento lo que andamos persiguiendo. Pero desafortunadamente, para la mayoría de las personas, aquello que atraemos a nosotros no es el resultado de un fuerte trabajo de manifestación consciente, pues son varios los impedimentos que trabajan en nuestra contra para ello, ¿que fácil es leer que puedes crear la realidad que deseas y que difícil es que lo hagamos, verdad? Pues sí, y básicamente son cuatro los factores que nos lo impiden, todos más o menos relacionados entre sí.

Vagancia-Pereza

¿Me estás diciendo que tengo que ponerme cada día 15 minutos a visualizar la vida que quiero, los cambios que deseo y aquello que me gustaría atraer hacia mi? Buff. Demasiado tiempo. ¿Quién tiene ganas de ponerse cada mañana 15 minutos sentado en el sofá, relajado, a imaginar la vida que desea? El primer día lo haces, el segundo también, a los tres días ya te da un palo que pasas olímpicamente de la visualización. Este es uno de los primeros obstáculos, el tren de vida que llevamos nos invita a no hacer este tipo de cosas, porque uno se cansa pronto y porque tenemos la cabeza tan ocupada con mil preocupaciones que nos da pereza meter otra cosa más de la cual tenemos que acordarnos y ejecutar, y además, ¡no haciendo nada! Eso es lo peor, porque estar 15 minutos sentado, relajado y simplemente imaginando es una perdida de tiempo para la mayoría de los mortales.

Prisa por conseguir las cosas

Llevas cinco días visualizando tu vida perfecta y lo máximo que has conseguido es que te cambien la maceta de al lado en tu mesa de trabajo, pero diablos, ¿dónde está ese ascenso? ¿Dónde está la casa de mis sueños, mi alma gemela y el coche nuevo?

Las cosas tardan en venir, sobre todo en una realidad tan «densa» como esta en la que vivimos, en la que todo tiene que pasar por varios procesos «físicos» hasta que puede llegar a nosotros, como ya hemos explicado. Pero no, en nuestro caso, si para el sábado no tenemos lo que queremos, nos aburrimos, y se acabo la visualización diaria. El lema de ¡no puedo esperar para siempre! es otra de las lacras de nuestra sociedad, no tenemos paciencia, en general, y no es en cierta forma nuestra culpa, sino que vivimos en un mundo que va siempre deprisa, en el que todo está controlado, monitorizado y gestionado al minuto. Tenemos un cúmulo de cosas por hacer y queremos que todo se haga rápido, para poder pasar a otra, y luego a otra más. No entendemos que procesos de creación de algo tan maravilloso como la vida que deseamos, para los que apuntamos alto, es algo que puede tardar tan poco o tanto tiempo como trabajo pongamos en ello, y necesitar de tanta paciencia como tengamos para esperar a que llegue a nosotros.

No tener las ideas claras

Ese es otro problema a la hora de decidirnos a manifestar algo en nuestra vida. Vamos a ver, mmm... ¿qué cambios me gustaría hacer en mi vida? ¿Quiero un mejor puesto? ¡Sí! Bingo, vamos a visualizarlo, pero espera...no, mejor me quedo como estoy y visualizo más tiempo para mi y menos responsabilidades, eso, más abundancia económica, y así tendré más libertad. Venga, entramos en visualización. Espera, en el fondo lo que yo quiero es cambiar de empresa, donde estoy no me siento bien, y total, para lo que pagan. No, vamos a visualizar un cambio total de carrera... ya, bueno, el amor es lo que importa, ¿no? ¿Qué más da donde trabaje? ....

Poca constancia

Relacionado con todo lo anterior está la poca constancia que le dedicamos a las cosas cuando los resultados no vienen como esperamos. Esta semana me pongo seguro todos los días. Pero la semana que viene como estoy de vacaciones, bueno, ya lo haré a la vuelta. Y si no, total, igual haciéndolo el fin de semana un ratito ya me sirve, ¿no? Creo que el Universo me escuchará, y si medito y visualizo mi vida ideal una vez al mes ya se dará por enterado. Si es que no tengo ganas, se está mejor viendo la tele y no pensando en todas estas cosas, a mí que me lo den todo hecho, ¡que bastante trabajo tengo ya en el curro!

Y es que básicamente así vivimos la mayoría de nosotros. Espero que hayáis captado la ironía pues esto está basado en historias reales de muchas personas que van por la vida con el libro de El Secreto hasta en la sopa pero luego, a la hora de la verdad, les es (nos es) más cómodo que la realidad creada por el inconsciente colectivo sea la realidad que vivimos cada uno, como veremos más adelante. Es un trabajo puro de crecimiento personal, hay que trabajar esa pereza, esa inconstancia y esas prisas no solo para manifestar eficazmente lo que deseas, sino para que, en general, aprendamos a controlarnos a nosotros mismos en nuestro día a día y a desarrollar otras cualidades tan importantes como la serenidad, la paciencia o la constancia. Sino, lo que nos encontramos es lo que vas a ver a continuación, la creación de tu realidad a partir de los deseos y pensamientos de tu mente subconsciente, o lo que es peor, la aceptación de la realidad impuesta por el inconsciente colectivo, que otros han podido manipular, en la que otros han podido imponer sus pensamientos, y que tu, cuando salgas a la calle por la mañana, te vas a encontrar y habrás de apechugar con ella.

El poder del subconsciente

No es lo que pasa alrededor tuyo, querido amigo, lo que determina tu salud, felicidad, nivel económico o todos tus romances, sino lo que pasa dentro de ti, exclusivamente.

Feliz romance
El Universo

Para la mayoría de las personas de este planeta, la realidad que perciben y en la que viven inmersas les viene «dada». Nos la encontramos cada mañana cuando nos levantamos de la cama y, en casi todos los casos, creemos no haber tenido nada que ver con ella. Aunque en parte sea así, pues simplemente hemos aceptado que lo creado por el inconsciente colectivo es lo que «ya nos va bien», por otro lado es también nuestra mente subconsciente la que se encarga de trabajar día y noche, sin descanso, para generar aquello que percibimos como «nuestro mundo exterior».

¿Quiere decir esto que género mi realidad sin darme cuenta de ello? Pues así es. Puesto que el mundo que creemos ver como real y sólido no es más que la suma de millones de ondas electromagnéticas, de energía en movimiento, creando un perfecto holograma tridimensional. Todas las posibles realidades están presentes en forma de componentes energéticos que decodificamos con nuestros sentidos y nuestro cerebro. Aquello que todos vemos por igual y con lo que todos estamos de acuerdo, no son más que las proyecciones energéticas del inconsciente colectivo, al cual estamos todos conectados, y de lo cual hemos creado una versión en nuestra propia realidad. El hecho de que la hierba sea verde, la nieve blanca y fría, el fuego queme o el agua sea transparente es porque todos estamos de acuerdo en que eso es «así», y así lo percibimos, estamos programados para aceptar que para todo el mundo esas cosas tienen el mismo significado, y gracias a ello, podemos interactuar y vivir juntos en algo que aparentemente es tangible y real para todos por igual, pero que en realidad, no son más que «proyecciones holográficas» aceptadas por todos. Al igual que en la película Matrix, donde «la verdadera» realidad no era mas que un conjunto de números pasando sin cesar en un ordenador, la realidad común de este planeta no es otra que múltiples ondas que todos decodificamos de la misma forma.

Ahora bien, ¿quién genera esas ondas? ¿Quién genera esas realidades potenciales? Nosotros lo hacemos. O mejor dicho, nuestro subconsciente lo hace. Como decodificamos esa realidad y la convertimos en «nuestra realidad» lo veremos en otro capítulo un poco más adelante. De momento, empecemos por explicar como funciona la creación del mundo que llamamos real, la generación de pensamientos y como conseguimos que las cosas lleguen a nosotros sin que nuestra mente analítica parezca ser parte involucrada en el proceso.

El modelo siguiente, descrito por Aaron Murakami[2], nos puede ayudar a comprender bien todo lo que voy a explicaros en las siguientes páginas.

2 Reproducido con permiso de Aaron Murakami (www.feelthevibe.com)

Murakami's Model of Synchronicity

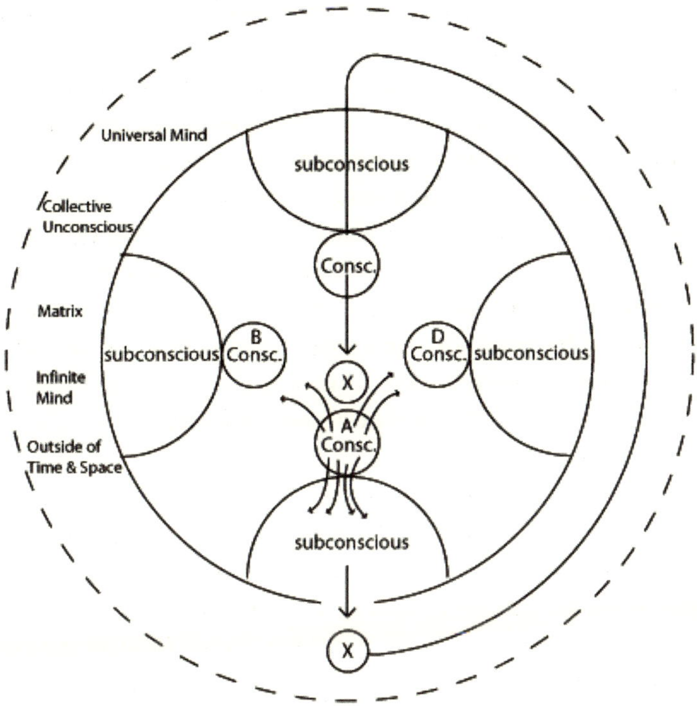

Este modelo se basa en tres factores: **nuestro pensamiento consciente, nuestra mente subconsciente y la mente inconsciente colectiva.**

El pensamiento consciente es el conjunto de nuestra actividad mental diaria (todos nuestros pensamientos, decisiones y proceso de datos que entran por nuestros cinco sentidos), la mente subconsciente es nuestra mente automática de la que no somos conscientes (vamos a tener que usar mucho esta palabra y hay pocos sinónimos para ella), la que absorbe todos los datos que le llegan sin discriminar ninguno y ejecuta sus propios procesos lógicos de razonamiento. Es también el mediador entre la mente consciente y el inconsciente colectivo, así como el almacén de todos nuestros recuerdos, sensaciones, memorias y emociones enterradas profundamente a lo largo de toda nuestra vida que salen pocas veces, si no ninguna, a la luz de la mente consciente, pero que la influencian constantemente. Finalmente, el inconsciente colectivo es la mente infinita que contiene toda la información del pasado, presente y futuro de todas partes, de todas las personas, de todo el planeta, la suma de todos los pensamientos de la gente, acumuladas como en una gran tela de araña que toma su forma y se ha instalado muy por encima de nuestras cabezas, fuera del alcance de nuestros sentidos, en un rango frecuencial ligeramente superior del que podemos percibir.

Para comprender por qué todo pasa cuando tiene que pasarnos, hemos de entender bien ambas mentes, el subconsciente individual y el inconsciente colectivo. Para nuestra mente subconsciente, conectada a la mente universal, no existe el pasado o el futuro. Todo es «ahora», pues se encuentra fuera de los limites del espacio y del tiempo, a otros niveles donde la secuencia lineal de acontecimientos, que para nosotros determinan las líneas temporales de lo que nos pasa, no existe. Eso quiere decir que puede entender, ver, predecir, y conocer todos los resultados, movimientos, soluciones o eventos de cualquier cosa que hagamos o pensemos, en cualquier momento del tiempo. Es como un juego de ordenador muy sofisticado. Cualquier decisión que tome el personaje que manejas tiene unas consecuencias, vas a una pantalla u otra, encuentras unos enemigos, unas armas, unos paisajes u otros elementos, pero el personaje del videojuego «no lo sabe» (nuestra mente consciente), sin embargo, tú, que estás fuera del ordenador, con los mandos e intentando guiar a tu avatar por los diferentes niveles, sí que puedes ver y predecir los próximos movimientos, sean los que sean, puedes también ver los movimientos pasados, y con ello puedes tener absolutamente certeza de cuál será el resultado de las acciones que vayas a tomar.

Por esa razón, tu mente subconsciente, conectada al inconsciente colectivo sí que puede predecir absolutamente todos los resultados de tus acciones, y sabe que si tomas el bus pueden suceder esto, aquello y lo otro, y si vas en coche, tres cuartos de lo mismo.

Personalmente sufrí en mis propias carnes un evento de cómo mi mente subconsciente se anticipó a mis deseos futuros y me produjo una serie de circunstancias desagradables que tuvieron un muy buen final. Salía con mi mujer una noche a un evento que organizaba la empresa en la que trabajaba entonces, en Barcelona, como evento anual para todos los trabajadores. Todo fue muy bien hasta que volvimos al parking para recoger el coche y volver a casa. Al salir del garaje, haciendo maniobras para sacar el vehículo de allí, me di un golpe contra una columna. No pasó nada, simplemente fastidié todo un lateral, rompí un faro y tuve que llegar a casa con la parte delantera derecha del vehículo un poco hecha polvo. En aquel momento simplemente me fastidió haber sido tan torpe al sacar el coche del parking, habiendo hecho maniobras similares durante los casi 20 años que hace que tengo el carnet de conducir. Durante toda la semana estuvimos sin coche y el mecánico se encargó de que la compañía de seguros hiciera todos los trámites para arreglarlo sin tener que pagar nada. Lo bueno es que el coche estaba aún a nombre de mi padre, con un seguro a todo riesgo que cubría absolutamente todos los daños. Solo hacía unos días que yo había puesto el coche a mi nombre, pero aún no el seguro. Puesto que tenía la moto no tuvimos problemas de transporte para seguir moviéndonos con libertad, ya que el coche solo lo usamos en ocasiones necesarias en las que ir en moto no está aconsejado por las circunstancias.

A medida que seguía pensando cómo había podido salir tan mal de ese garaje, reviví la escena mentalmente una y otra vez, averiguando dónde había calculado mal, y de repente lo vi, vi lo que se me pasó por la cabeza durante esa milésima de segundo en la cual mi mente analítica tenía que calcular la distancia a la columna, y no fue otra cosa que una mancha negra que me había ofuscado un instante. Es difícil explicar lo que a posteriori comprendí que me había pasado. Simplemente, en el momento en que realizaba la maniobra, tuve un segundo en el cual mi mente se fue a negro, di el golpe, y plas, volvía a estar completamente presente. ¿Absurdo verdad? No era un efecto del cansancio o sueño. Simplemente me «fui a negro», como si pusieran una cortina delante de mis ojos, el tiempo justo para no poder calcular correctamente la distancia a la columna. Como no pude encontrar explicación en ese momento a lo ocurrido no había más remedio que achacarlo a algún evento que aún habría de suceder o que estaba sucediendo, sin yo darme cuenta, y esperar, si es que había algo que hubiera de llegarme como consecuencia de ese hecho. La respuesta llegaría semanas más tarde.

Con el coche arreglado me dirigí a hacer el cambio de seguro para poner todo a mi nombre. Como me quería quedar con la misma compañía con la cual el coche ya estaba inscrito, y simplemente hacer un cambio del tomador del mismo, el asesor de la agencia se miró todos los partes de accidentes que tenía el vehículo. Al ver que justo había tenido un golpe y que a la aseguradora le había salido «caro» pagar toda la reparación, los cálculos que me hizo y que el ordenador de su compañía le daba para mi nuevo seguro era desorbitante, pues yo quería seguir manteniendo el todo riesgo. Así que, vista la situación, el hombre me comentó que había una nueva posibilidad, un nuevo modelo de seguro que habían sacado hacía poco y que por las circunstancias, le parecía mucho más atractivo y recomendable para mí. Tenía todas las coberturas de un todo riesgo, pero los primeros 200 euros de cada futuro parte de accidente tenía que pagarlos yo, si era menos me tocaba a mí cubrir los daños, pero si era más, simplemente la empresa se ocupaba del resto. Ni qué decir tiene que viendo la factura del golpe que había tenido, esa oferta era más que buena. Mejor aún, su precio anual no era ni la mitad que el todo riesgo que el coche tenía antes del accidente. No hubo discusión. Gracias a ese golpe obtuve una póliza por la mitad de precio de la que estaba dispuesto a pagar, y fue entonces, sólo entonces, cuando entendí la razón de que hubiera tenido el pequeño accidente esa noche.

¿Realmente mi subconsciente me había ofuscado brevemente para que tuviera el golpe? ¿Cómo podía saber que días después iba a tener que negociar el seguro del coche y dada mi situación no iba a poder pagarme el precio que el seguro a todo riesgo me iba a exigir? No tiene otra explicación que el conocimiento por mi mente subconsciente de la serie de circunstancias en las cuales me iba a ver envuelto en los próximos días relacionados con la renovación de los papeles. Una tontería, pero algo que tenía cierto impacto en mi economía doméstica, y que podía evitarse, sobre todo si tienes el poder de predecir y conocer todos los eventos que pueden suceder en varias líneas temporales de acción simultánea, y además puedes poner cosas en medio (como ofuscar mi mente analítica brevemente) para que ciertas cosas ocurran y el camino resultante de todas esas posibles ramas, sea el más adecuado para nosotros. Y es que el tiempo no existe para nuestra mente subconsciente, que es capaz de percibir la sucesión de situaciones que nosotros percibimos de forma lineal, como pasado, presente y futuro, como ocurriendo a la vez. Dicho y hecho, no puedo estar más agradecido a mi subconsciente en estos momentos por todas estas «ayudas» que me ha ido dando, aún sin yo darme cuenta. Y es que es fácil de entender si recurrimos de nuevo a la analogía de los videojuegos: cuando eres tu quien lleva los mandos, puedes saber de antemano (antes de que tu personaje de ficción lo sepa) que pasa en el escenario A, en el escenario B y en el C, y sobretodo, que vas a encontrar si decides ir por uno o por otro.

Nosotros en este caso somos como el personaje de ficción, parece que llevamos los mandos y el control del juego, pero sin embargo, en realidad, y afortunadamente, otros escogen el escenario más apropiado para nosotros si eso nos beneficia, aún sin que nosotros hayamos dado nuestro visto bueno preliminar (¿o es que alguien hubiera accedido a chocar contra una columna una noche a las tantas de la mañana por mucho que hubiese sabido que eso le iba a reportar beneficios económicos unas semanas mas tarde?)

En resumidas cuentas, ese es el poder de la mente subconsciente que todos poseemos y que hace y deshace a su antojo, afortunadamente buscando siempre nuestro bien mayor. Y suele funcionar siempre de la misma forma para atraer hacia nosotros aquello que parece ser lo que más nos conviene, aun cuando no tengamos ni idea de ello. Ni qué decir que he vuelto a entrar y salir varias veces de garajes similares sin ningún otro tipo de complicación.

Y bien, ¿cómo funciona todo el proceso de atracción de eventos de nuestra mente subconsciente? Volvamos al esquema para seguir con nuestra explicación.

Si nos fijamos en el diagrama, vemos que hay cuatro personas (A, B, C, y D). «C» no está indicado como tal, pero es la persona en la parte superior del dibujo. Los semicírculos son las mentes subconscientes y el círculo externo es la mente colectiva que ya hemos comentado, también conocida por muchos nombres en las diferentes filosofías, literaturas y religiones. Finalmente, la línea de puntos exterior indica que no existe frontera para la mente colectiva, abarca todo y a todos sin excepción.

Bien, veamos. Jorge, nuestro avispado profesional deseoso de irse a trabajar a Australia, tiene esa idea en la cabeza desde hace tiempo, es un gran deseo, y su pensamiento «normal», la mente analítica, es obviamente consciente del mismo. Asignemos a Jorge la letra A del diagrama.

La mente subconsciente de Jorge toma este deseo y lo implanta en la inconsciencia colectiva (siguiendo el proceso explicado de la emisión de energía con cada pensamiento en las páginas anteriores), no sólo el deseo total en sí (el objetivo final), sino además cada detalle en el cual se pueda descomponer nuestra petición.

De forma paralela, la mente subconsciente de cada ser humano está continuamente explorando, activamente, la inconsciencia colectiva buscando cualquier cosa con la cual resuene, es decir, cuya frecuencia vibratoria sea la misma que la del deseo expresado (de este y de todos los otros que anteriormente hayamos emitido). Puesto que somos imanes, nuestra mente, la emisora de «luz» que tampoco puede dejar nunca de emitir, por naturaleza está siempre intentando atraer todo aquello con lo que resuena a su mismo nivel frecuencial. No es que sea un esfuerzo para nuestro subconsciente el pasarse el día explorando el inconsciente colectivo, forma parte de su propia naturaleza y de sus funciones «cotidianas».

Sigamos con el ejemplo. Pongamos ahora que Cristina es directora de recursos humanos de esta empresa en particular que ofrece el trabajo en Australia (letra C). El subconsciente de Cristina detecta el deseo del subconsciente de Jorge, y se fija al mismo. En estos momentos, ambas mentes están enganchadas. Ni Cristina ni Jorge tienen la más remota idea de que la proyección mental del primero (el deseo de trabajar en la empresa de Cristina) ha sido «recogido» por la persona adecuada para hacerlo realidad, ni sabrán jamás que esto ha sido así a no ser que sean altamente conscientes de los procesos mentales que suceden en su subconsciente.

Para que esto haya sido posible no ha bastado un simple pensamiento de Jorge al respecto, si hubiera sido así y solo hubiera emitido un pequeño haz con el contenido de su deseo, este se hubiera diluido rápidamente en la mente colectiva. No, para que el subconsciente de Cristina (y el de muchas otras personas) se hayan podido fijar y enganchar al deseo de Jorge, este ha tenido que emitirlo con gran potencia, quizás no ha dormido durante noches dándole vueltas al asunto, imaginando sin parar cómo sería su vida en Australia, hablando a los amigos del tema y viéndose a sí mismo ya en ese puesto. Solo así su pensamiento ha tenido tanta fuerza que ha impactado al inconsciente colectivo.

¿No os parece asombroso que cuando uno busca trabajo y te llaman para una entrevista a continuación salen más entrevistas de todos lados? ¿Que cuando uno anda dándole vueltas a un cierto tipo de cosa que queremos comprarnos de repente la vemos por doquier? Y es que la frase de «lo semejante se atrae» cobra toda su fuerza aquí. Nuestra llamada mental por un posible trabajo ha despertado eventos y situaciones que resuenan con ella, y aunque no todas nos convengan, todas se acercan en cierto modo a lo que estamos buscando (tienen una frecuencia vibratoria muy similar).

Sigamos. Varias mentes subconscientes han detectado el deseo de Jorge, y unas pocas entre ellas han resonado con la frecuencia del mismo y por ende se enganchan a él, imán con imán. ¿De qué manera se preparan las sincronicidades necesarias para que Cristina pueda contratar a Jorge, si es que se puede llegar a dar el caso?

Las mentes subconscientes de ambos influenciarán el pensamiento consciente de sus respectivas personalidades para hacer aquello que sea necesario para que Cristina y Jorge graviten el uno hacia el otro. El inconsciente de Cristina, sabiendo que esta tiene que cubrir unas vacantes y que ha puesto un anuncio en el sitio tal, hará que Jorge sea influenciado por su mente inconsciente para que se acerque a mirar un cierto periódico donde está publicada esa vacante. El universo y la mente colectiva, sincronizarán todos los eventos posibles para que Jorge termine encontrando ese anuncio o consiga enterarse de que la empresa de sus sueños está buscando gente, incluso puede que Jorge sienta una fuerte intuición de que debe hacer o mirar algo con respecto a esa empresa, como si fuera una idea implantada en la cabeza que aparece de repente. Hablaremos de la intuición en otro capítulo más tarde.

Es probable que Jorge esté buscando trabajo en decenas de lugares a ver si encuentra lo que busca, pero su mente subconsciente le está intentando guiar hacia un lugar determinado dónde sabe que está lo que desea. Cuando Jorge hace caso de esa idea que le vino a la cabeza, a esa conversación que oyó «por casualidad», a ese anuncio que vió en el periódico o a ese slogan que oyó en la radio y donde salía el nombre de esa empresa, y se fía y sigue esas señales, ¡tachan!, el anuncio del puesto de trabajo de sus sueños está allí colgado. Vaya casualidad, ¿no? Evidentemente esto no es todo. El trabajo aún no está conseguido y el proceso para que Jorge consiga su objetivo puede ser aún muy largo. Pero el proceso será el mismo. Los eventos que sean necesarios poner a disposición de Jorge para conseguir su objetivo irán apareciendo.

Evidentemente, estamos presuponiendo que el subconsciente de Jorge «aprueba» que termine en ese trabajo, porque si, por alguna razón, nuestro subconsciente sabe que para nosotros es mucho mejor opción hacer otra cosa, porque ahí es donde dentro de unos años vamos a ser realmente felices, le importará tres pepinos el deseo consciente de la mente de Jorge, y, aunque puedan aparecer pequeñas sincronicidades que parecen querer llevarle hacia su deseo, en el fondo no lo terminará consiguiendo.

Afortunadamente la mente inconsciente trabaja a nuestro favor, posee vista de águila sobre todo nuestros posibles futuros y líneas temporales de eventos que pueden ocurrirnos, y gracias a ello puede acercarnos o alejarnos a lo que queremos, pero siempre barriendo para casa.

Hagamos un paréntesis. ¿Dónde está el libre albedrío aquí para decidir qué hacemos? Está, y bien presente. Nadie nos va a prohibir que en vez de conseguir el trabajo desde aquí nos metamos en un avión y aterricemos en Sidney, nos vayamos directamente a la empresa de nuestros sueños y acampemos en la puerta hasta que nos contraten. Nuestra mente analítica tiene el poder de decisión y de acción, pero si resulta que esa acción no nos es beneficiosa, nuestro subconsciente tratará por todos los medios a su alcance de avisarnos de que vamos por mal camino.

Volviendo a Jorge y suponiendo que está en el buen camino, y que empieza a percibir eventos sincronizados en su vida, todos relacionados con ese deseo suyo de trabajar en la compañía de Cristina. Sabiéndolos interpretar y siguiéndolos puede acortar el tiempo de consecución del objetivo, dejándolos pasar puede provocar que Cristina contrate a otra persona y el proceso tenga que volver a ponerse en marcha o que Jorge al final abandone su sueño y decida hacer otra cosa, con lo que el proceso de sincronización se parará y simplemente comenzará otro basado en el nuevo deseo de Jorge. Porque eso también pasa. Cambiamos de deseo como cambiamos de camisa, al menos la mayoría de los mortales. La elección es nuestra en todo momento y nuestra mente inconsciente seguirá trabajando sin interrupción, y, lo que es mejor, sin reproches (al menos yo no he oído a la mía quejarse cuando cada día cambio de opinión 10 veces) ejecutando y buscando los eventos que concuerden con nuestros deseos.

¿Qué pasa con todo el proceso de sincronización iniciado para un deseo que de repente es cancelado porque la persona cambia de idea? Pues es todo un «vuelta a empezar» para el universo que ha empezado a preparar tu viaje a Australia, y, desafortunadamente, algo que nos sucede a todos constantemente y de lo cual no somos la mayor parte del tiempo, conscientes de ello.

Por poner otro ejemplo. Personalmente, a mediados de cada año aprovecho algún fin de semana largo para revisar mi lista de objetivos y deseos para ese año en curso, mirando qué se ha puesto en marcha, qué cosas aún quedan algo lejos, y qué cosas parece que finalmente no van a materializarse. Pensando en estas últimas casi siempre me doy cuenta de que a pesar de ser objetivos sólidos planificados con toda la intención y energía a principios de año y mantenidos en cierta forma más o menos constantes con el paso de los días, simplemente, por múltiples razones, ya no forman parte de lo que quiero conseguir, y todo el inicio del proceso de materialización ha dejado de tener efecto. En algún momento en los últimos meses he cambiado de idea, aunque sea de forma mínima y sin «quererlo» y con ello se ha perdido todo el posible trabajo de materialización de aquello que había planificado.

La mayoría de veces no es nada grave ni una catástrofe, pero invita a pensar cómo «desperdiciamos» tiempo y energía creando algo, para luego cancelar los deseos que nos habíamos propuesto. En el caso de Jorge, si se ha pasado meses con insomnio soñando con Australia y de repente un día decide irse a Perú, ¿qué ocurre con toda esa energía ya puesta y los procesos en marcha? Nada. Simplemente se produce un reajuste. El subconsciente de aquellas personas enganchadas a nuestro deseo porque ambos «imanes» resonaban a la misma frecuencia de repente se desenganchan, ya que uno de ellos ya no emite el haz energético que había llegado a impactar a varias personas y atraerlos.

Y aunque así, leyéndolo, pueda parecer un fastidio, no es más que parte de los cientos de miles de procesos de enganche y desenganche que ocurren en el inconsciente colectivo, en cada segundo. Como veremos más adelante, basados en nuestra libertad de elección y pensamiento, tenemos el poder de crear las situaciones que deseamos formen parte de nuestra vida. Si cambiamos a medio camino de idea, muchas de las cosas que ya estaban preparadas para ocurrir se cancelarán u ocurrirán de otra forma, y nuestro deseo original simplemente no sucederá, ya que hemos modificado el mismo. Todos los eventos sincronísticos que estaban previstos se anularán, y todas las personas que estaban implicadas en ellos simplemente reorganizarán sus mentes inconscientes para seguir como si tal cosa (y de esto, la mente analítica, ni se entera, ni entiende de qué va el tema).

Por ejemplo. Imagínate que estás fastidiado por tener siempre gente ruidosa alrededor en la oficina que no te permite concentrarte, y quieres cambiarte (mentalmente) a otro lugar más relajado donde puedas hacer tus cosas con más tranquilidad. En el momento en que deseas mentalmente que te cambien de sitio ese deseo se convierte en una energía que empieza a preparar los cambios necesarios: un problema en las máquinas de aire acondicionado que exigiera un traslado, una excusa para que pudieras pedir el cambio de mesa, una reorganización del equipo, cualquier cosa que físicamente hubiera dado ese resultado podría haberse puesto en marcha.

Sin embargo, días después, tras pasar un día sin que nadie te moleste decides que tampoco estás tan mal y que no necesitas cambiar... ahhhh! dijeron por ahí arriba unas cuantas mentes subconscientes: ¡habíamos empezado a planificar las acciones que habrían de ocurrir para que pudieras cambiarte y ahora lo cancelas! O sea, que al final, el día sin ruido se ha ido, vuelves a estar como estabas, no te has movido de tu sitio, y, si quieres hacerlo, será mejor que lo decidas claramente y mantengas tu deseo.

Nuestro problema cotidiano es que no sabemos que somos capaces de crear nuestra propia vida y por eso cambiamos tan a menudo lo que queremos. Vivimos en actitud «contemplativa» y no «creativa». El secreto es ser consciente en todo momento de que todas y cada una de las situaciones que vivimos han sido creadas por nosotros mismos, con un simple pensamiento que se ha mantenido lo suficiente en el tiempo para que todas las acciones y sucesos necesarios para que ocurriera tuvieran tiempo de convertirse en realidad.

Digamos que ahora quiero ser astronauta, con todas mis fuerzas, es una pasión y solo pienso en ella, solo emito ese objetivo focalizado. ¿Qué hará el universo para que yo sea astronauta? Probablemente las fuerzas de la sincronicidad se pondrán inmediatamente en marcha y pondrán ante mis ojos algún anuncio de algún periódico sobre la carrera espacial, caerán en mis manos libros al respecto «por casualidad», encontraré gente que me hablará de ello, me apuntaré a cursos, me meteré de lleno en la carrera espacial, aparecerán los profesores adecuados y las oportunidades adecuadas y quizás en 10 años pueda hacer mi primer viaje espacial. Mi deseo se ha cumplido porque durante estos diez años he mantenido mi intención y lo he puesto fácil para que se pusieran delante de mí las puertas abiertas que tenía que cruzar (y tuve el coraje de cruzarlas). He seguido las señales y he cruzado las puertas. He vivido en modo «creativo». Pero he tardado 10 años en materializar mi deseo. Nada hubiera ocurrido si al mes y medio hubiera dicho «ahora quiero ser bombero». Otro grito allá arriba por el trabajo hecho en vano... :-)

Y es que siempre el problema es el mismo, cómo decidir lo que quieres y mantenerlo. ¿Hay alguna fórmula para ello?

Es difícil de decir. ¿Cómo saber qué es lo que uno quiere de verdad? ¿Cómo saber en qué enfocar tu energía para materializar tus verdaderos deseos? Ahí entra principalmente la parte de conocimiento interior, escucharse a uno mismo, seguir nuestra intuición y descubrir qué es lo que realmente queremos conseguir y nos va a hacer felices. Todo está relacionado. Lo que nos apasiona es lo que nos motiva, lo que nos motiva nos hace sentirnos excitados, activos y concentrados. Y esa concentración y excitación es lo que genera un potente haz creador que atrae a nosotros aquello que ansiamos. Aprender a manejar el proceso creativo es parte de nuestra evolución, y no sabemos todo el potencial que tenemos y que estamos dejando de aprovechar por no ser conscientes del mismo.

Vive tu vida de modo creativo, levántate cada mañana con la intención de crear tu día y tu realidad tal y como tú la deseas, o si no serán las fuerzas combinadas del resto de personas y la fuerza de tu mente subconsciente las que te sumergirán en una realidad genérica, acordada inconscientemente, pero que no tiene por qué ser la realidad que tú quieres. Recuerda que tu mundo es tuyo. Y que aunque el de al lado vive en el mismo planeta, su percepción es totalmente distinta. Cada uno de nosotros tiene su propia realidad que ha podido o no crear conscientemente, eso no lo sabrás jamás. Incluso tu pareja o tus hijos pueden ver el mundo de forma tan radicalmente distinta que puedes llegar a preguntarte si viven en el mismo sitio que tú. Pero tampoco importa. Sé consciente de tus pensamientos, y verás cómo cada vez te es más fácil ver las puertas que se han de cruzar para ver tus objetivos materializados, ya que en la mayoría de los casos nuestra mente subconsciente gobierna nuestro mundo y es, en cierta medida, responsable de todo aquello que tenemos a nuestro alrededor. Si queremos que algo ocurra, debemos convencer a nuestro subconsciente para que se encargue de ello, para que lo atraiga a nosotros y para que prepare los eventos y situaciones necesarios para ello.

Y es que, como todo proceso, usar la sincronicidad a nuestro favor requiere práctica. Cuanto más valides tus intuiciones, aceptes cada mensaje y le encuentres sentido, lo persigas y veas cómo te van produciendo resultados, más fácil le será a tu subconsciente atraer hacia ti las circunstancias que te permitan conseguir los deseos de tu pensamiento consciente. Es lo mismo que ir diciéndole a tu mente constantemente: esto que me mandas no me lo creo, no es cierto, no es verdad. O al contrario, gracias por la información, es muy útil, veo que me soluciona cosas y me hace más fácil el camino. ¿Qué tipo de pensamiento crees que generará mejores resultados y una mejor comunicación entre tu mente consciente y tu inconsciente?

Este subconsciente es el nexo de unión básico entre nuestro interior y nuestra realidad externa. Si quieres dejar tu vida en piloto automático, asegúrate de que todas las instrucciones de cada una de las etapas por las que quieres pasar están grabadas a fuego en tu subconsciente para que este se encargue de hacerte la vida fácil sirviéndotelas en bandeja, de lo contrario, puede muy bien suceder que todo lo que te ocurra no sea más que aquello a lo que tu subconsciente se ha enganchado en la mente universal a partir de la frecuencia que emiten tus pensamientos, cosa que puede gustarnos o no. La elección es nuestra.

Por eso es tan importante asegurarnos de dos cosas, primero, que tenemos claro lo que queremos para nosotros, y segundo, que podemos convencernos de que realmente eso es lo que queremos. Los procesos de visualización por ejemplo, pretenden ese efecto. Que, sea lo que sea lo que queramos manifestar y crear, sea aquello que elegimos nosotros, y no lo que nos venga impuesto.

Buen viaje a Australia.

La casa por el tejado

Te diré algo: si eres capaz de sentirte feliz en este momento, a pesar de cualquier problema, dilema, desafío o circunstancia que ahora parezca acosarte, yo mismo me encargare de esos problemas, desafíos y circunstancias, así como el «para siempre jamás».

Simplemente, haz las cuentas, acepta el acuerdo, y no mires para atrás.
El Universo

Aunque ya comprendemos de forma clara cómo es posible generar todas aquellas situaciones que deben ocurrir para llegar a conseguir nuestros objetivos, aún no hemos explicado un tema crucial que es parte más que importante del proceso: cómo funciona el ajuste del tiempo en el que suceden los acontecimientos en nuestra realidad dimensional, la cual se rige como todos experimentamos constantemente, por la secuencia lineal de eventos, uno detrás de otro, que nos da una sensación de avance y movimiento en nuestra vida.

Sabemos que el universo y nuestro subconsciente usan la sincronicidad para ponernos en el lugar adecuado, en el momento adecuado, pero ¿cuándo es el momento adecuado? ¿Cómo se «gestiona» que dos personas se encuentren en un determinado punto a una determinada hora? Es imposible hacerlo de forma que, empezando por las acciones de cada una de esas personas, se vaya construyendo de forma secuencial, una línea temporal que de como resultado ese encuentro. No tiene sentido, habría que controlar demasiadas variables (no digo que no se pueda hacer, el universo parece que puede hacer cualquier cosa y no tengo ningún argumento para contradecir eso), pero no es así como funciona. No. La sincronicidades funcionan desde atrás hacia delante. La casa se empieza a construir por el tejado y el universo planifica la vida de todos y cada uno de nosotros teniendo como referencia el resultado final de los deseos de cada persona. Solo así se entiende la perfección de los resultados: yendo hacia atrás. Trabajando con el final en mente, y desandando el camino que nos hará llegar a él.

Es a partir del deseo de una persona, manifestado en una línea atemporal a la cual nosotros, con nuestras mentes limitadas, no tenemos acceso, que la secuencia de eventos que han de ocurrir para llegar a él se pone en marcha. Es a partir de este deseo manifestado en un futuro (para el universo no existe el pasado, presente o futuro, todo sucede en el «ahora») cuando todos los actores, situaciones, mensajes y señales se ajustan para que ocurran en el instante preciso. Es como cuando se rueda una película, casi siempre se graba primero el final, y los puntos más importantes, y luego se rellena con las escenas que nos hacen falta para unir esos puntos. La proyección de cara al espectador sigue, una vez montada, una línea temporal secuencial que encaja perfectamente con nuestra forma de entender el mundo y con la forma en la que está construida nuestra realidad. Así, en el cine, vemos los sucesos como si estuvieran ocurriendo uno detrás de otro, en el orden lógico en el que los entendemos, pero, a otro nivel, cuando se hizo la cinta, el final estaba al principio, y las escenas del medio se hicieron al final. ¿Nos importa eso cuando estamos viendo la peli? No. Todo lo que podemos apreciar es como suceden las cosas en la cinta, que es tal y como suceden en la vida, ordenadas cronológicamente, y por supuesto, todo encaja siempre a la perfección.

Y es que para cada idea o objetivo que lanzamos ahí fuera con la fuerza suficiente para que se convierta en algo real, el deseo o situación final está ya materializado desde el primer momento en que nuestro pensamiento consigue moldear su petición en la enorme balsa de posibilidades y el universo solo tiene que ir caminando hacia atrás, creando, modificando y ajustando las acciones de nuestro entorno que han de permitirnos llegar hasta él.

Sólo conociendo el final y echando hacia atrás, puede el universo ajustar los eventos al detalle para que llegues a tu objetivo

Interesante truco, ¿verdad? Cuando queremos manifestar algo en nuestra vida, atraer algo, conseguir un objetivo, alcanzar una meta, debemos siempre, siempre, enfocarnos en el resultado final. Y no sólo eso, hemos de enfocarnos en el deseo «genérico final» para permitir que nos llegue con todo su potencial. ¿Quieres dinero o quieres seguridad económica para toda la vida? Es muy, pero que muy distinto. ¿Quieres un millón de euros en el banco o quieres vivir en la abundancia? En el primer caso el universo preparará el momento en el que tu cuenta bancaria llegará al millón de euros, pero ¡ey!, nadie le ha pedido que al día siguiente de haber cumplido tu deseo ese millón de euros tenga que seguir ahí, igual le hace falta para dárselo a otro que también pidió un millón de euros y recibes una llamada del banco diciéndote que se han equivocado y que ese dinero no era para ti. Tu deseo final se ha cumplido. Tú querías un millón de euros, y voila, ahí lo tienes, quizás por poco tiempo, pero tu mente ha atraído hacia ti lo que habías pedido.

Por el contrario, si quieres seguridad económica toda tu vida, o quieres vivir en la abundancia, el mensaje está claro, el universo sabe que debe proporcionarte todo lo que absolutamente caiga bajo el paraguas de tu deseo para que éste se cumpla de forma constante. Porque tus deseos son órdenes, porque es un proceso mecánico y físico, es parte de una ley universal, y el universo la cumple a rajatabla, si has pedido algo más «genérico», eso es lo que se cumplirá, incluyendo todas las condiciones necesarias en todas las áreas de tu vida para que ello sea así.

Ese deseo final es la clave para entender el proceso de manifestación y porque el universo empieza la casa por el tejado. Simplemente es mucho más fácil. Pone primero las «realidades» en las cuales vas a tener aquello que has pedido. Si pediste un coche, creará el momento de tu vida, en tu futuro, en el cual disfrutas de ese coche, si pediste un trabajo nuevo, una nueva relación, un anillo de diamantes, creará ese punto de tu vida en el cual ya lo tienes. Tú no eres consciente de ello, porque vives en una línea temporal en la cual eso aún no te ha «sucedido», pero lo que estás deseando ya existe en algún momento en el futuro (que es parte del «ahora» a otro nivel, como si fuera una pantalla más del videojuego al que estás jugando a la que simplemente no has llegado, pero que definitivamente está ya creada y esperándote), y, a partir de aquí, empieza a trabajar hacia atrás, a encajar los sucesos, personas y señales que tiene que poner en tu camino para que llegues a ese instante en el cual ya, ese momento «futuro», se ha convertido para ti en «tu presente».

En realidad, si lo pensamos lógicamente, es la mejor forma de trabajar. Sé donde quiero llegar, es un punto fijo, y sólo necesito ordenar los medios y poner la maquinaria en marcha y ajustarla durante el camino. Esos ajustes son los que hacen que perdamos el metro, que nos retrasemos o nos adelantemos, que haya caravana cuando nunca la hay, que el avión llegue tarde (que por otro lado nunca llegan pronto, esto no sé si es porque nadie le ha dicho al universo que también puede usarlo como herramienta de trabajo de vez en cuando) o que perdamos las llaves del coche y salgamos diez minutos más tarde de casa. Todos estos ajustes suceden porque ya tenemos el fin preparado, ya existe el evento en el cual nuestro deseo se ha manifestado en un momento determinado bajo unas condiciones específicas y es necesario conducirnos hasta él a través de todos esos ajustes temporales en nuestra vida.

Puesto que vivimos en un mundo y en una realidad en la cual debemos interactuar con otras personas, con cientos de procesos, intercambios, y traslados de un lado a otro para conseguir lo que queremos, es necesario hacer continuamente estos arreglos. Ajustes a veces tan ridículos como una fracción de un segundo nos permite dar con algo o llegar a algún sitio. Una fracción de segundo puede ser todo lo que nos separa de conseguir nuestro objetivo o alcanzar nuestra meta, realmente fascinante. ¿Cómo es esto posible?

Escuche un día una conferencia en YouTube[3] en la cual su autor comentaba una anécdota referida a un evento que le había sucedido mientras trabajaba en un país de Oriente Medio. El conferenciante era en esa época economista de una gran empresa que tenía una delegación en Qatar, creo, y cada noche salía con sus compatriotas extranjeros a cenar. Un buen día, volviendo de la acostumbrada reunión con los amigos, y camino de casa, tuvo un choque con un coche en una de las macro autopistas del país con otro vehículo que pertenecía a un miembro de la casa real.

En toda la autopista no había prácticamente nadie, era de noche y no llevaba una velocidad excesiva, además de que los cinco o seis carriles de los que disponía estaban completamente desiertos. Sin embargo, en una intersección, por la razón que sea, otro coche entró rápidamente, se cruzó en su camino en un instante, visto y no visto, y no hubo forma de esquivarlo, produciéndose el inevitable choque que dejó ambos vehículos inservibles.

El resultado final fue que, aunque no les pasó nada a ninguno de los conductores, los coches tuvieron que ser retirados con grúa. El ocupante del coche que había entrado sin mirar reconoció su error y se ofreció a correr con los gastos de la reparación y a llevar a su hotel a nuestro amigo. En el camino, hablando y tratando de disculparse, se presentó formalmente y cuál sería la sorpresa de nuestro economista al saber que había tenido un accidente con la persona que más necesitaba y ansiaba conocer para llevar a cabo parte de su trabajo y con la cual no había tenido ni la más remota esperanza de llegar a contactar algún día debido a su posición en la realeza del país. No recuerdo todos los detalles, pero la conclusión es que, si por alguna razón, a la velocidad a la que iba, en la distancia que tenía que recorrer, se hubiera retrasado o adelantado nada más que una décima de segundo, sólo una décima de segundo, los coches no se hubieran chocado. Hubie-

3 Portal de Internet donde existen cientos de millones de videos subidos por los propios usuarios sobre todo tipo de programas, actos, eventos, series de TV, anuncios, videos caseros, etc.

ran podido entrar justos uno delante o detrás del otro, hubiera probablemente tenido que hacer alguna maniobra o frenar, pero en cualquier caso, por esa décima de segundo, el choque no se hubiera producido.

Una décima de segundo. ¿Cómo es posible que el universo hubiera preparado este accidente para poner frente a frente a ambas personas, tal y como era el deseo de nuestro conferenciante? Solo hay una forma de hacerlo. Montando los acontecimientos empezando por el final. Solo teniendo como punto fijo el encuentro de ambas personas, sabiendo dónde estaba cada uno en cada momento, qué estaba haciendo uno y qué hacia el otro, y cómo iban previsiblemente a reaccionar y actuar en cada instante, el universo podía haber hecho que ambos se hubieran adelantado un poco o retrasado un poco, ajustando constantemente sus acciones y sucesos, no sólo ese día, sino incluso durante toda la semana anterior, para que ambos llegaran al cruce de la autopista en el momento justo y preciso para que ambos coches colisionaran. Porque si hubiera sido al revés, si el evento se hubiera calculado desde el principio hacia el fin, y el accidente no hubiera estado ya programado, cualquier mera desviación lo hubiera evitado, y por ende, hubiera malogrado que ambas personas se encontraran.

Y es que, aunque no lo podamos comprender, el universo tiene billones de formas de proporcionarnos lo que queremos, y normalmente es siempre la que menos sospechamos la que más oportunidades tiene de manifestarse. ¿Crees que se te han caído las llaves y has perdido un minuto buscándolas por casualidad? ¿Crees que se te han desatado los zapatos y has perdido treinta segundos por nada? Si fuéramos capaces de ver las repercusiones de esos retrasos o adelantos en nuestra visión temporal de las cosas probablemente nos asustaríamos. Casi me alegro que no sea así, me evita ponerme nervioso pensando que puedo hacer algo para que mi deseo no se cumpla. Afortunadamente sé que mis deseos ya se han cumplido, en un punto del futuro que ya existe, pero al cual aún no he llegado, y que si me paso más tiempo de lo normal tomando el café con los amigos, el universo ya se encargará de acelerarme el paso en otro momento, como sea, para que no pierda ni uno solo de los eventos sincronísticos que me harán encontrarme con ese, mi deseo. ¿Se puede pedir más?

Por eso, lo importante es concentrarse en el deseo final, pero en el final final de verdad. En aquello que deseamos con mayor ahínco, y que es lo que nos va a traer la satisfacción deseada, y sobre todo, que no restringe, que no limita y que engloba el máximo de posibilidades y probabilidades de que consigamos lo que queremos.

Especialmente importante es el hecho que hemos de olvidarnos de los pasos y de los medios que se usarán para hacernos llegar hasta ese momento futuro. ¿Para qué vamos a preocuparnos y limitar nuestras opciones? Como decía, el universo conoce millones de formas de hacernos llegar lo que queremos, tu alma gemela puede estar a la vuelta de la esquina y tú estás pidiendo una relación que tenga tal y cual y que cumpla estas doscientas treinta características que llevas años apuntando en tu libreta sobre tu media naranja. Pues vaya faena que le estás haciendo al universo, porque éste, que nos conoce mejor que nadie, sabe cómo y dónde puede hacerte encontrar ese amor, pero con la cantidad de condiciones que le estás poniendo probablemente no pueda llegar a dártelo, simplemente porque lo que tú quieres a nivel mental, analítico, no se corresponde con lo que realmente necesitas, a niveles más «altos». ¿Para qué limitar opciones? ¿Por qué no usar como deseo final una vida llena de amor y alegría sin importarnos como el universo nos la va a hacer llegar? Eso es lo que mejor hacemos los humanos, limitarnos en las opciones cuando queremos algo. No estoy diciendo que si queremos un coche azul de tantos caballos no lo pidamos con absolutamente todos los detalles, estoy diciendo que si queremos vivir una vida más plena, usemos deseos más generales, para no limitar al universo en la forma que tenga, más fácil y más rápida, de hacérnosla llegar y probablemente el coche que vendrá en el paquete tendrá el doble de caballos de los que inicialmente te habías imaginado.

Todo es como siempre cuestión de perspectiva. Cuando conoces tus deseos y anhelos más profundos probablemente entiendes que manifestar alegría conlleva que todo lo que incluye «el sentirse alegre» va a estar presente de alguna forma en ese deseo. Es perfectamente factible y aceptable manifestar un objeto específico, simplemente lo que intento transmitiros, es que, si en realidad lo que andamos buscando son los sentimientos o emociones que creemos que ese objeto nos va a traer, lo que tenemos que hacer es subir un nivel, e ir directamente a la caza de esas emociones. Vamos a ver si lo explicamos mejor con un esquema. Mira la siguiente tabla de deseos y objetivos[4].

Felicidad
Gratitud, Espiritualidad, Confianza, Creatividad, Paz, Tolerancia, Belleza, Aceptación, Amor…
Abundancia, Salud, Relaciones, Apariencia, Vitalidad
Posesiones materiales, trabajo, niveles de riqueza, amigos, armonía familiar, ejercicio, talentos, diversión…
Inversiones especificas, proyectos específicos, eventos concretos, cantidades concretas de dinero y riqueza, deseos con líneas temporales establecidas…
Personas especificas, una casa en concreto para vivir, un cliente o proyecto específico, un objeto definido…

4 La tabla está inspirada en el programa de Mike Dooley «Manifesting change». Adaptada con permiso (www.tut.com)

Más o menos todos los deseos que podamos tener como humanos se pueden englobar en alguno de los niveles que aparecen en la tabla. La categoría más alta, la felicidad, engloba todo. Si deseamos manifestar ese futuro en el cual somos completamente felices tendremos por arte de magia (mejor dicho, por ley universal) absolutamente todo lo que cae debajo, en las categorías inferiores, porque el universo sabe que para ser feliz debe proporcionarnos un buen trabajo, una magnífica vida, amor, salud, abundancia material, etc. Nosotros pedimos un deseo final, el universo se encarga de las piezas necesarias para construirlo. Y cada cual tendrá todo aquello que se merece por derecho propio para ser feliz, sólo por existir, sea lo que sea que signifique la felicidad para nosotros, ya que nuestros deseos más ocultos, cuando buscamos manifestar elementos de la categoría superior, no tienen ningún misterio para el universo.

Sin embargo, lo curioso es que, por muchas razones, culturales y sociales entre otras, la mayoría de nosotros usa el mecanismo de manifestación para crear cosas que están en la parte más baja de la tabla: comprarme ese reloj, ese coche, esa casa, salir con esa persona, tener tantos euros, etc.

Son deseos totalmente aceptables, lícitos, relativamente fáciles de conseguir y 100% satisfactorios cuando son lo que realmente deseamos, pero no engloban nada más. A más bajo nivel de deseo, por decirlo así, más restrictiva es su aplicación y creación en nuestra realidad. ¿Por qué quieres sólo ese reloj con tanta insistencia (¿porque te lo han metido en cabeza a través de la publicidad machacona o porque lo tienen todos tus amigos?) y no prefieres manifestar el estatus social que a priori te proporciona llevarlo?

El universo trabaja de arriba hacia abajo, y con el final siempre en mente. Si tus deseos se encuentran en la parte alta de la tabla, todo lo que viene inmediatamente en los niveles inferiores será tomado en consideración de forma automática, en formas insospechadas y a través de canales y métodos inauditos. Si nos concentramos en la parte baja, una casa concreta, un amigo, un trabajo; nadie nos garantiza la felicidad, la abundancia o la alegría. No. Eso está varios niveles por encima y nadie le ha pedido al universo que te los proporcione. Lo que pasa es que la mente humana hace asociaciones bastante curiosas (instigadas por supuesto por el colectivo inconsciente y los medios, la sociedad y la gente en general) de forma que pensamos que teniendo algo de abajo, conseguimos algo de arriba. Es mentira. Desear ese coche no te proporciona el carisma que te dice el anuncio, pero manifestando «carisma» te proporcionará todos los elementos necesarios para representarlo, expresarlo y darlo a conocer, incluido el coche o algo mejor, si es parte del paquete.

No tiene ningún truco. Elige bien lo que deseas atraer a tu vida, y elígelo desde la parte más alta de la tabla que te sea posible. Si en estos momentos no eres capaz de usar tu poder mental del pensamiento para emitir un haz que busque la felicidad, trata de atraer hacia ti aquello que está justo por debajo, o incluso un nivel inferior. Empieza a desear que se manifiesten en tu vida cosas como la abundancia, el amor, la amistad, el conocimiento, y todo, absolutamente todo lo que está debajo, todo lo que el concepto engloba en sí, aparecerá en tu vida. Recuerda, es una ley universal, una sólo de las muchas que existen en nuestro planeta, y no falla nunca. Quizás se tarde un poco más en poner todos los elementos que conforman la realidad que corresponde a «absoluta felicidad», pero es una realidad, a la larga, mucho más solida y duradera, puesto que engloba desde buen principio todos los aspectos de nuestra vida.

Es cuestión de estrategia. Hay quien juega en la bolsa comprando y vendiendo acciones intradia[5] y hay quien invierte a medio o a largo plazo. Hay personas a las que nos gusta vivir no viendo más

---

5 Vendiendo y comprando durante el mismo día, intentando obtener el máximo de ganancias con los movimientos de las acciones durante las horas que está abierta la posibilidad de comprar y vender

allá de la semana siguiente, y hay personas a las que nos gusta planificar los años por delante con décadas de antelación. Cada uno tiene su propia realidad y puede ser perfectamente feliz en ella, pero unos han de trabajar duro para que cada día sus ganancias se vean reflejadas en su realidad, otros trabajan poco a poco para que más adelante, toda su realidad, durante un largo plazo de tiempo, se haya convertido en aquello que desearon.

Es posible manifestar un objeto físico en cuestión de días (incluso de horas, si las transacciones y movimientos «físicos» que ese objeto debe hacer para llegar a nosotros no son muchos, aunque nosotros no lo sepamos), de manera que esa avidez de ver resultados a corto plazo, como para demostrarnos a nosotros mismos que tenemos el poder de crear la vida que queremos, se vea satisfecha, aunque solo nos concentremos en deseos cada vez más bajos de la tabla que hemos puesto antes.

Es normal que se tarde más en montar la realidad completa en la cual nuestro escenario perfecto, en todos los sentidos, sea la felicidad, el amor, la abundancia material, la amistad o cualquiera de los sentimientos de la parte más alta, pero a la larga es una realidad mucho, pero mucho más satisfactoria. ¿Tan mal estamos que preferimos manifestar 100 euros que una vida llena de abundancia, sea lo que sea que eso signifique? ¿Cómo es posible que no hagamos más que pedir una pareja que sea así o asa, en vez de manifestar una vida llena de amor? En realidad no es culpa nuestra. Toda nuestra sociedad está diseñada así, y así lo hemos aprendido. Pero solo se requiere paciencia y constancia para darle tiempo al universo a montar el momento futuro, y todo lo que vendrá después, donde tenemos todo aquello que deseábamos y más aún, porque las ramificaciones de lo que podemos llegar a obtener son más y más grandes cuanto más alto se encuentra nuestro deseo.

Mira por un momento tu lista de objetivos que aún no se han manifestado, y reflexiona sobre lo que tienes ahí escrito. ¿Puedes cambiar alguno de esos objetivos por su equivalente inmediatamente superior en la tabla? Inténtalo y empieza a enfocarte en ese nuevo nivel. Usa la visualización, imaginación o tu mantra preferido para poner en tu mente el nuevo concepto a manifestar. Una de las afirmaciones más fantásticas es la que dice «cada día, en todos los sentidos, estoy mejor y mejor». Fíjate que gran mantra para grabar en nuestro subconsciente y que la energía de tus pensamientos, la que lanzamos constantemente ahí fuera no haga otra cosa que repetir esa frase. Cada día, en todos los sentidos, estoy mejor y mejor. Y, cual es la realidad que el universo se pone a manifestar para cumplir con tu deseo. Fácil, que todas las áreas de tu vida se vean mejoradas continuamente: amor, salud, abundancia, relaciones, felicidad. Y todo por manifestar una sola frase.

Busca formas de crear tu propio método de creación de tu realidad: usa mantras, usa meditaciones, usa la visualización, sumérgete en nuevas frecuencias vibratorias que emanen aquello que tu deseas atraer hacia ti (por ejemplo, si queremos atraer más abundancia, empezar a rodearnos de personas que ya disfrutan de ella hará que podamos «empaparnos» de la frecuencia que ellos emiten de forma inconsciente, de forma que poco a poco, si vivimos rodeados de ese tipo de emisión, terminaremos incorporándola a nuestro cuerpo y nos será más fácil alcanzar esa abundancia de forma inconsciente)

Dale tiempo al universo, y empezarás a notar cambios en muchas más partes de tu vida, de las que nunca llegarías a percibir si sólo te hubieras concentrado en tu deseo inicial.

Palabra del universo.

Parte III
NAVEGANDO LA REALIDAD

Contra viento y marea

Se supone que tiene que ser fácil. Todo se supone que tiene que ser fácil.
Todo es fácil. Vives en un mundo de sueños, estás rodeado por ilusiones.
¡Y las ilusiones cambian cuando tú cambias tus pensamientos!
Dite a ti mismo que es fácil. Repítelo a menudo. Úsalo como un
mantra. Cómelo, bébelo, respíralo. Y tu vida se transformará.
Es realmente fácil.

El Universo

Uno de los mayores regalos de esta vida como seres humanos es el libre albedrío. Hacer lo que queremos cuando queremos. Lástima que a veces hacer lo que uno quiere cuando quiere no siempre resulta fácil. Pero nadie nos impide que lo intentemos con todas nuestras fuerzas.

Cuando empecé el libro buscaba, sobretodo, ejemplos que ilustraran mi propia experiencia sobre eventos y acontecimientos que me ayudaban a conseguir mis objetivos o a obtener lo que deseaba. Sin embargo, la fuerza de la sincronicidad y los mecanismos de creación de todo aquello que nos pasa, como hemos comentado anteriormente en los primeros capítulos, también obra para impedir que hagamos algo, sobre todo cuando es perjudicial para nosotros, aunque no lo sepamos.

Historias sobre atascos monumentales que te hacen perder un avión, sobre averías de transporte que te impiden llegar a un sitio al que quieres ir, papeles en la aduana que te piden sin saber por qué haciéndote perder valiosas horas, personas que te bloquean de mil maneras que hagas algo que tenías previsto, llamadas que te hacen cambiar los planes en el último momento, etc. Parece que este tipo de sincronicidades son aún más espectaculares, porque aquellos que las han sufrido se han dado cuenta, que, en algunos casos, les han podido llegar a salvar la vida.

Óscar es un buen amigo mío que ha vivido en propia persona una de estas situaciones estrambóticas, en las que a pesar de poner todo su empeño por hacer algo, no había manera de conseguirlo. Su experiencia es representativa de cómo el subconsciente, que todo conoce, puede plantarte cara para evitar que hagas algo que no debes hacer, y además, si te empeñas en seguir adelante, ponértelo cada vez más difícil para ello.

Era el 4 de agosto de 1996. Después de comer Óscar emprendió la marcha hacia el que iba a ser su destino vacacional ese año, deseaba conocer la zona del Pirineo de Huesca de la que tenía buenas referencias y en la que nunca había estado. Días antes, comentando su idea con un compañero de trabajo, éste le había dicho que conocía un camping en la zona, que estaba muy bien por sus servicios y ubicación, en la población de Biescas, y que se llamaba 'Camping Las Nieves', así que dicho y hecho, lo eligió como destino y como campo base para sus excursiones turísticas.

Una hora y media aproximadamente después de su partida, el coche, un Peugeot 205, empezó a hacer un ruido raro y a fallar. Estaba en la carretera sólo un poco más allá de la población de Martorell, en el centro de Cataluña, aún muy lejos de su destino, así que, ante la expectativa de que ocurriera algo grave en el motor, decidió parar en la siguiente estación de servicio, y, con los pocos conocimientos de mecánica que tenía, hizo una inspección al mismo. Tras unos minutos, puesto que no detectaba nada raro, volvió a montar y arrancó sin problemas. Como parecía que el coche volvía a funcionar, siguió su camino, ilusionado con las vacaciones, sin darle mayor importancia al asunto.

Pero la cosa no iba a quedarse ahí. Pocos kilómetros después la historia volvía a repetirse. El coche volvía a hacer cosas raras y ante tal situación no había más remedio que volver a parar y volver a echar un vistazo. Pero claro, Óscar no tenía más conocimientos de mecánica que lo básico para intentar averiguar qué estaba pasando, así que esta vez, ante la incertidumbre de si iba a poder completar con garantías los más de 200 kilómetros que aún le quedaban por delante, no tuvo más opción que llamar a la asistencia en carretera, para que vinieran y verificaran el vehículo y pudieran ver qué era lo que estaba fallando.

Como el mecánico que vino no pudo reparar nada *in situ*, en pocas horas, sin más remedio, Óscar se vio de nuevo traído de vuelta a su punto de partida con el coche en la grúa, y con un sentimiento de frustración bastante grande.

Pero no pasaba nada. A la mañana siguiente llevó el coche al mecánico, el cual, tras escuchar el relato, diagnosticó que el problema podría hallarse en la bomba de la gasolina y que, en un día, podría tenerlo resuelto. Así fue, al día siguiente Óscar recogía perfectamente el coche reparado del taller para volver a cargarlo con las maletas y salir lo más rápido posible hacia el destino tan esperado.

Pero como ya hemos dicho, a veces la vida no te deja hacer algo por mucho que te empeñes, y cuál sería su sorpresa cuando de nuevo el coche volvió a tener el mismo comportamiento que el día anterior, sólo que esta vez mucho más cerca de su población. No habían transcurrido ni quince kilómetros desde su salida y la situación volvía a repetirse, era para desesperarse… ¿Qué hacer?

No había mucha opción. Volver al mecánico para un examen más exhaustivo del vehículo provocaría una pérdida de tiempo tal que haría que ir a ese camping no valiera la pena. Así que, finalmente, se impuso el sentido común, no sin antes blasfemar y maldecir a todas las cosas en movimiento: abandonar la excursión prevista, no ir al Pirineo de Huesca, y cambiar sus vacaciones yendo a otro sitio más cerca. Como en esa época Óscar disponía de otro vehículo, una motocicleta, que si bien no le permitiría llegar al pirineo oscense, si era suficiente para pasearse por el pirineo catalán, cambió de planes y se dispuso a volver a intentar por tercera vez, irse de vacaciones.

Con el mismo coche que no quería ir a Biescas, se desplazó a Barcelona, 45 kilómetros sin absolutamente ningún problema, ¡parecía que el coche se había arreglado solo!, pero aun así desistió de tirar hacia Huesca, temeroso de lo que pudiera pasar.

Hizo noche en Barcelona y a la mañana siguiente empaquetó los bultos en la moto y tiró hacia el Norte, donde tras dedicar el día a hacer turismo hizo noche en otro pueblo. Al día siguiente y mientras estaba desayunando, por casualidad, escuchó una conversación en la mesa de al lado, dos señores de mediana edad estaban comentando una desgracia ocurrida en un camping de Huesca. Aunque no le quiso prestar más atención en ese momento, durante todo el día algo dentro suyo le pedía ampliar la noticia, pero él, en su afán turístico, seguía visitando varios pueblos del Pirineo dejándolo siempre para más tarde.

Sólo al llegar a La Seu d'Urgell finalmente se decidió a adquirir un ejemplar de un periódico. Sentado sobre la hierba, leyó atentamente el suceso, y según me contaba, todavía se estremece al pensar en lo sucedido: el camping donde tenía planeado alojarse había sido arrasado totalmente por agua y piedras debido a una acumulación de rocas en el nacimiento del río que se encontraba arriba del mismo. Si el coche no hubiera fallado, ahora sería él una de las víctimas, o en el mejor de los casos, habría sido espectador de una auténtica catástrofe donde perecieron 87 personas de todas las edades y otras muchas resultaron heridas de consideración.

Óscar nunca quiso ver ninguna de las imágenes que las televisiones emitían sobre el hecho... Sólo recuerda las sensaciones que esta anécdota le provocó. ¿Destino?, ¿suerte?, ¿probabilidades? En un instante pasó de sentirse el ser más frustrado del mundo al hombre más afortunado sobre la faz de la tierra... Desde ese momento, cada vez que un plan se le trunca de manera inesperada se despierta en él un tipo de consuelo que le hace dejar de forzar la situación, pasando a dejarse llevar por los acontecimientos. Cabe decir que el coche nunca más volvió al mecánico ni nunca más volvió a fallar durante los años que siguió conduciéndolo.

A veces hay que saber reconocer cuándo un impedimento nos está en realidad evitando un mal mayor

Es curioso cómo el universo, que siempre parece tenernos controlados, se las ingenia para obstruir nuestro camino cuando, debido a nuestro libre albedrío, actuamos o vamos por sendas por las que se supone que no deberíamos pasar. En cierta manera, es gratificante sabernos protegidos de eventos extremos que pueden tener grandes consecuencias en nuestra vida, normalmente negativas, pero es también complicado entender cómo, y por qué, podemos llegar a encontrarnos en estas situaciones tan in-extremis, como en el caso anterior en las cuales no tenemos constancia de haber intervenido para su creación.

La respuesta está en que nuestro libre albedrío prevalece por encima de todas las cosas. Nuestras decisiones sobre qué hacer, dónde ir, cómo actuar y demás son sagradas para el universo, para la vida, para nuestro destino. Nada puede interferir en ellas, y nada nos impide que aún sabiendo que a un avión de hace 20 años le fallan los motores cada día, nos subamos en él e intentemos que nos lleve al otro lado del Atlántico ignorando el obvio peligro que el sentido común nos dice que corremos.

Pero en el caso de situaciones del día a día, viajes que planificamos, cambios de rumbo que decidimos tomar, etc., nuestro sentido común no tiene por qué avisarnos de que algo puede pasar. ¿Por qué vamos todos los días por la calle principal y esa noche de vuelta a casa te da por meterte por los callejones más oscuros de tu barrio para acortar camino? ¿Y qué es lo que hace que de repente se cruce contigo un amigo y se ofrezca a llevarte en coche hasta tu casa?

El universo vela por nosotros, básicamente porque tenemos muchas cosas que aportar, muchas cosas que cumplir, y muchas cosas que hacer en nuestra vida, y evidentemente hemos de cumplirlas, en la medida de lo posible. ¿Por qué iba a dejar que nos montáramos en un avión que presumiblemente va a tener un accidente si nuestro camino no se encuentra en ese sitio? Es duro aceptar que a veces tengamos que sufrir accidentes o infortunios para que nuestra vida dé un giro radical, o para que nos demos cuenta de algunas cosas, pero ¿y si es necesario para las personas que van a viajar en ese avión pero no para ti?

He oído casos de personas que han luchado contra viento y marea para conseguir algo, y cada vez el obstáculo que se les aparecía delante era más complicado y más insalvable, por mucho que se empeñaran en superarlo. Cuando haciendo uso de su fuerza de voluntad, recursos y todo lo que se le venía a la cabeza conseguían solucionar el problema, de repente, aparecía otro.

Algo así le paso a unos clientes de Mihaela, una guía turística rumana de Bucarest. Mihaela tenía previsto, hace un par de años, para septiembre, una excursión con varios clientes a Grecia. Salían desde Bucarest en varios coches y se disponían a pasar un par de semanas agradables recorriendo las maravillas del país heleno. Todo estaba reservado y acordado desde enero, ocho meses atrás, y nada había salido mal durante la preparación del viaje excepto por algunos pequeños detalles para una de las parejas.

Antes de hacer un viaje tan largo, normalmente todo el mundo había llevado su coche al mecánico para un control rutinario. Esta pareja lo hizo y les dijeron que el coche estaba bien. Sin embargo al cabo de un par de días tuvieron un pequeño accidente (sólo dos semanas antes de salir para Grecia), nada grave, pero tuvieron que volver a llevar el coche al taller. Cuando lo fueron a buscar, tras la reparación, el hombre lo sacó y lo dejó aparcado cerca, pues tenía que volver a rellenar unos papeles con el mecánico antes de poder llevárselo.

Trámites resueltos, a la vuelta, cuando ya iba a buscar el coche para volver a casa, cuál sería su sorpresa y enfado al encontrarse que alguien le había dado un golpe en un lado y no había dejado ninguna nota. ¡Justo cuando acababan de repararlo! Aunque el golpe no era excesivo el coche tenía que quedarse de nuevo en el taller para volver a ser arreglado, pues no se podía hacer un viaje tan largo con esos desperfectos. El enfado era monumental.

Aun así, en aquel momento, además de rabia, el hombre se dió cuenta de que aquello era demasiado raro, que algo pasaba y que quizás era mejor no salir de viaje con ese coche, que quizás era una señal. Lo comentó en casa, pero su mujer le convenció de que las vacaciones en Grecia eran algo que habían estado esperando durante mucho tiempo, que ya las tenían pagadas, y que a ambos les apetecía mucho. Así que se decidieron a seguir adelante con los planes.

Tras esas dos semanas, se pusieron en camino junto con el resto de la expedición. Cuando ya llevaban varias horas al volante, al llegar a la frontera con Bulgaria, resultó que a la mujer no la dejaron pasar por no llevar el pasaporte válido por un periodo de más de seis meses (es decir, caducaba en los 6 meses siguientes). Algo que normalmente no pasaba o no era problema estando dentro de la Unión Europea, aunque Rumanía acababa de entrar ese año. De modo que no pudieron pasar. ¿Qué hacer? La única forma de solucionarlo era volver a Bucarest y arreglar el pasaporte, algo imposible de conseguir en un par de días, que era lo que les permitía no perder la reserva que ya tenían hecha. Pero lo hicieron. La pareja, luchando contra viento y marea, volvió a la capital rumana y removió cielo y tierra para arreglar su situación: contactos, dinero, horas haciendo colas, pidiendo favores, etc. En 48 horas tuvieron el nuevo pasaporte y se dispusieron a coger el coche para viajar de nuevo a Grecia, donde ya les esperaba el grupo, con la esperanza de haber perdido sólo un par de días de las dos semanas de vacaciones que aún tenían por delante.

Increíblemente, las cosas no pudieron ir peor. En el viaje de ida de nuevo tuvieron un accidente terrible antes de haber salido del país. Por suerte, a ellos no les pasó nada, en comparación con lo que podría haberles sucedido, pero el coche quedó inservible, completamente chatarra. Otro coche se les había cruzado saliendo de «la nada» y habían tenido un golpe que había destrozado gran parte del vehículo. No podían continuar, no podían coger otro coche ya que ese era el único que tenían, comprado además no hacía mucho. Renunciaron a sus vacaciones. Era lo único que se podía hacer. Volvieron sin más incidentes a casa y ahí se termino la historia, sin entender qué estaba pasando, pero viendo claramente que las señales se habían hecho cada vez más intensas hasta que llegaron al punto de bloquearles completamente cualquier posibilidad de hacer el viaje.

Si nuestro camino está lleno de obstáculos, meditemos si no estamos yendo por el sitio equivocado

Al año siguiente Mihaela volvió a organizar el mismo viaje. Desde el mes de enero se encargó de tener todo listo para las mismas fechas de septiembre. La misma pareja se volvió a apuntar al viaje, esta vez con la esperanza de que la mala suerte del año pasado no se repitiera y pudieran conocer por fin Grecia. Todo iba bien hasta que, en agosto, poco antes de volver a dar la última confirmación del viaje, a la pareja empezaron a sucederles de nuevo todo tipo de impedimentos: enfermedades de familiares, problemas de trabajo, gastos inesperados. Nada extremadamente grave en sí mismo, aislado de cualquier contexto mayor, pero completamente enfocado a prevenir que fueran de vacaciones de nuevo con el grupo. Esta vez ya no lucharon más, renunciaron al viaje desde un principio y Mihaela lo entendió perfectamente. No saben qué motivo les impide hacer ese viaje, qué evento o lugar, o persona o circunstancia existe en el destino, en el grupo con el que van, o en el viaje en sí mismo, pero han entendido que una fuerza mayor contra la que es inútil luchar les está bloqueando el camino. Grecia tendrá que esperar.

Es de sabios reconocer este tipo de situaciones, es de sensatos no luchar contra ellas. Se dice que cuando la vida te pone pequeños obstáculos, son lecciones a superar, para hacernos más fuertes, para que aprendamos algo, para que evolucionemos. Es importante luchar contra esos obstáculos, eso es lo que hicieron al principio muchas de las personas con las que hablé, porque si todo fuera un camino de rosas nunca aprenderíamos a esforzarnos por nada, y nunca desarrollaríamos talentos, habilidades y herramientas para desenvolvernos por la vida. Pero cuando los obstáculos se convierten en montañas, hay que saber darse cuenta de que no es una indicación para que nos esforcemos más, sino para que demos la vuelta. Los grandes obstáculos indican un camino erróneo. Estamos totalmente perdidos, en otra parte del laberinto de la vida que nos aleja tanto de nuestro camino que el universo no tiene otro remedio que bloquear nuestras salidas, hacernos volver para atrás, y tratar de reconducir nuestros pasos.

En este caso nuestro libre albedrío sigue ahí, intacto, podemos seguir luchando contra los elementos, tomar rutas alternativas, saltar o excavar pasadizos para pasar por debajo de la montaña, pero de alguna forma, nuestra vida será ardua, dura, llena de complicaciones, con mil tormentas que capear y con ninguna ayuda para ello. Si así es como te sientes en tu vida en estos momentos, plantéatelo, quizás has tomado tantas decisiones en la dirección que no era la más adecuada, que estás fuera de pistas, en medio de un bosque en el cual cada vez hay más árboles que sólo te invitan a que vuelvas hacia atrás sobre tus pasos y reconduzcas tu camino, porque entre ellos no hay ni un hueco para pasar. El universo no te obliga a que des la vuelta, pero si realmente vas errado, te pondrá todas las señales que pueda en forma de obstáculos hasta que lo hagas por ti mismo y endereces tu dirección.

Pero, ¿y si no me da la gana dar la vuelta? ¿Y si el camino a desandar es demasiado largo, demasiado trabajoso o simplemente no quiero reconocer que me equivoqué y huyo hacia delante? La respuesta la tienes en tu vida, si es que te ves reflejado. Los años pasarán y te encontrarás en un camino cada vez más complicado, contra el cual te será más difícil avanzar, y en el mejor de los casos, vivirás completamente estancado. La vida se supone que es un sendero relativamente fácil de caminar, puesto que el placer de vivir radica en el camino y en aquello que nos encontramos en él. La vida quiere que avancemos, pues de ello depende su sentido. Los pequeños obstáculos nos sirven para crecer y poder seguir adelante con más fuerza, y la mayoría de las veces, si seguimos las indicaciones correctas y avanzamos por donde hemos elegido con anterioridad avanzar, encontraremos muchas más puertas abiertas que cerradas.

Ojo, no se trata de que todo sean rosas y paseos sobre el césped. Lo que denomino pequeños obstáculos son problemas, complicaciones, situaciones difíciles, pero nunca son eventos de tal magnitud que nos echan para atrás una y otra vez, a pesar de nuestra insistencia por superarlos. Discernir unos de otros requiere sólo un poco de práctica, y no ser demasiado testarudo para seguir empujando algo que cada vez cuesta más mover y que lo que en realidad está diciendo es que nos demos la vuelta y cojamos el otro camino. Rendirse a la evidencia es de sabios; aceptar la derrota y resignarse puede, en muchas ocasiones, traer más beneficios que seguir luchando contra viento y marea para conseguir algo que cada vez está más complicado y más lejos de nuestro alcance.

Destino y libre albedrío

Cuanto más confíes en mí, amigo, más fuertes seremos. Cuanto más fuertes seamos, mayores nuestros sueños podrán ser. Cuanto más alto volemos, más azul será el cielo y más felices bailaremos. Confía en mí,

El Universo

Este capítulo no podía empezar de otra forma, sino con una historia real sobre el poder del destino, contada por un buen amigo que la vivió en primera persona.

Podía haber sido una muerte sencilla. O simplemente un nuevo nacer. La diferencia la marca una línea muy fina con la que nunca se sabe si es el destino o el curioso azar quien nos depara cada segundo que vivimos.

Me llamo Pedro Amador, y nací con una inteligencia privilegiada que me permitió realizar algunos proyectos fuera de lo normal. A la temprana edad de 9 años ya programaba un lenguaje de ordenadores llamado Basic, y con sólo 12 años tecleaba mis primeras rutinas en ensamblador, un lenguaje que aprenden los licenciados en la carrera en torno a los 20 años.

Devoraba todo lo que pasaba por mi mano, ya que con una facilidad aplastante era capaz de resolver problemas de programación sin apenas conocimientos de matemáticas. Mis trabajos fueron en aumento y a los 12 años realicé mi primer videojuego, que se distribuiría en el mercado. Con ayuda de mis padres firmé un contrato que incluía hasta los habituales impuestos. Con 16 años ya operaba en bolsa, a la vez que había ganado un concurso de juegos de aventuras para el Spectrum, donde todos los concursantes contaban con más de 25 años. Estaba claro que estaba preparado para cosas increíbles.

Mi madre siempre se negó a llevarme a un colegio de superdotados, por lo que tuve una formación menos intensa, pero con unas actividades sociales normales para un chico de esa edad. Aunque aquello no fue un problema, porque yo seguía estudiando mi pasión a cada instante y podía leer las revistas de ordenadores varias veces y casi repetirlas sin problemas. Mi cabeza nunca paraba de pensar y desarrollar nuevas ideas, con todo lo que hubiera aprendido hasta ese momento.

Cuando llegué a la universidad ésta fue un camino de rosas. Muchas asignaturas ya me las sabía, pues las había estudiado en la infancia. Aunque para complicar un poco el tema, trabajaba a la vez que estudiaba. Recuerdo que en el último trimestre del curso mantenía tres trabajos además de las asignaturas, y mi madre casi me vio desvanecerme una vez. Pero seguía ilusionado y eso me hacía responder a la perfección. El querer llegar más lejos de lo normal empezó a marcar mi forma de trabajar.

Comencé a trabajar muy joven, a los 16 años, montando ordenadores y manteniendo el área informática de varias PYMES. Era el típico «listillo» que sabía de todo y dejaba todo en perfecto mantenimiento. Los ordenadores aún eran cosas complicadas, y que el Windows funcionara, aún más.

Mi primer trabajo a tiempo completo llegó a los 22 años, con la carrera de ingeniero superior acabada. En el mercado se peleaban por gente como yo formada en informática. Pero como me parecía poco, en paralelo estudiaba cursos de doctorado avanzado para tener mi cabeza aún más ocupada.

Después de dos años de trabajo, consideré importante ir al extranjero para potenciar mi inglés, y partí a Holanda con el coche cargado de libros. Por aquel entonces comenzaba a tener mucha arrogancia, por todo lo que sabía y controlaba dentro de mi mundo de las empresas de software. Pero afortunadamente, como el inglés me era una materia complicada, en Holanda se me bajaron los humos al no saber comunicarme eficientemente.

Cuanto más duro era mi entorno, más habilidades interpersonales desarrollaba para sortear las dificultades. Viví situaciones rocambolescas por medio mundo que me hicieron aprender a resolver problemas en tiempo real de una forma rauda y eficaz.

Recuerdo como en un viaje de Israel a Holanda, que era donde estaba mi residencia habitual, perdieron la maleta, donde había metido accidentalmente el abrigo con las llaves de mi coche y la casa. Llegar a tu destino, pero no tener a nadie que te ayude, no era algo que entendieran muy bien en el aeropuerto, que daban por hecho que la maleta aparecería tras varios días. Con mi nivel de inglés muy bajo apenas conseguía hacerme entender. Así que sentado en un pasillo, esperé bastantes horas, hasta que fui consciente de que todo el aeropuerto de Schipoll trabajó a destajo para encontrar la maleta del pobre español. Supongo que no querían verme vivir en el aeropuerto.

Después de casi dos años volví a España, donde rápidamente comprobé cómo mi experiencia en el extranjero me había hecho subir varios peldaños. El hablar inglés con soltura me daba un aura de grandeza que usé de forma efectiva para transmitir mucha experiencia de la que había acumulado. Venía como especialista de Business Intelligence, y rápidamente me tocaría entender la complejidad de algunas empresas grandes.

Continuaba viajando por el mundo, donde en unos diez años,

acumulé más de 500 vuelos a lo largo y ancho de planeta en más de 30 países. El ocio también ocupaba una parte importante de mi vida, y empecé a conocer otras culturas e interesarme por distintas formas de pensar. Una de mis mayores pasiones era la de organizar fiestas en mi casa del centro de Madrid, que siempre contaban con sorpresas que hacían las delicias de las más de 70 personas que asistían.

Pero, aunque técnicamente tenía un conocimiento impresionante, a nivel funcional hacía aguas por todos lados. No entendía la utilidad de un balance, una cuenta de resultados, o un simple plan de marketing. Y eso que ya ganaba más dinero que mi padre, que llevaba más de 25 años trabajando en una multinacional petrolífera. Era curioso el potencial que había llegado a desarrollar, y el que aún continuaría desarrollando.

Como no entendía los entresijos funcionales de los negocios, seguí indicaciones del que era mi jefe, para empezar un máster. Así comencé un Executive MBA en una de las escuelas más prestigiosas del mundo. Dicho y hecho. Tras un año y medio completo de formación, siendo el más joven de la promoción, mis retos aumentaron más, y mi ego llegó a dispararse a velocidad supersónicas. A eso había que sumarle que mi posición laboral iba creciendo y al no saber decir que no a nada, fui capaz de soportar una carga laboral inaudita. Gestionaba algunos de los proyectos más grandes de la empresa, realizaba actividades comerciales, comprobaba el funcionamiento de las campañas de marketing, y por si fuera poco, me asignaron hasta la posición de Country Manager de Portugal (con más de 90 clientes y un millón de dólares facturación). Tan sólo tenía 28 años.

Trabajaba unas 14 horas al día, seis días a la semana. No tenía límites. Y francamente no creí que los hubiera. Cada día era capaz de entender el mundo en su globalidad; a nivel político, nivel social, nivel económico; y cada vez quería cambiarlo más. Quería aportar mi grano de arena y pensaba que se podía cambiar sin problemas, aunque esa simplificación del problema me hacía estrellarme en la pared una y otra vez. Después de algunos procesos de Feedback 360° en donde se comprende cómo te ven los demás, entendí lo importante que es conocer lo que piensan los demás de ti. Por una vez, había perdido mi identidad. A partir de entonces sólo cobró importancia la identidad que se creaban los demás de mí.

En esa cresta de la ola ocurrió un peculiar percance. Un punto de inflexión en mi vida. Algo que nunca se hubiera planificado ni en la mejor de las dinámicas de grupo. Un imprevisto.

Recuerdo perfectamente que fue en la madrugada del sábado 24 de mayo 2004. Me tomé un fin de semana en Valencia, alejado del mundanal ruido del trabajo. Y al salir de fiesta con unos amigos crucé la calle y no pude esquivar una moto que vino a unos 100 km/h y que me arrolló por completo. Tras un fuerte impacto que rompió varios de los huesos más grandes de mi cuerpo, me arrastró 28 metros y salí volando.

Quedé al borde de la muerte, la podía sentir desde el borde del precipicio. En el impacto, mi cerebro rebotó contra el cráneo y, pese a que no tuvo una hemorragia general, causó micro-hemorragias dispersas por toda la cabeza. Después de una parada cardiorrespiratoria, pasé unos diez días en coma. Cuando volví a ser consciente, tenía la pierna totalmente escayolada y me dolía como el mayor castigo de mi vida, la clavícula rota, y la cara que ni podía vocalizar al hablar.

Después de haber sido superdotado, es duro encontrarse en una silla de ruedas, sin poder leer la prensa económica que leía anteriormente, y teniendo que comenzar una rehabilitación neuropsicológica para recuperar cosas tan evidentes como la concentración. Me era imposible realizar cosas tan básicas como trabajar con el ordenador escuchando música de fondo, ya que mi cabeza no podía realizar dos tareas a la vez. La impotencia era enorme.

¿Qué se puede hacer ahora? ¿Por qué la vida me había tratado así? Me lo habían dado todo y me lo quitaban de repente. Cuando uno se golpea haciendo algún deporte, siempre puede culpabilizarse de por vida. Pero en este caso, había sido otra persona la culpable de tirar por la borda más de 28 años de esfuerzo y sufrimiento para conseguir todo aquello que me había propuesto.

Quizás eso te hace entender una cosa importante: cuanto peor son las condiciones que nos ofrece el mundo, más recursos tendremos que buscar para afrontar las adversidades. Y así fue como me rehíce a mí mismo. Desde la nada, teniendo que volver a aprender a leer, a andar, a llorar, a reír, a vivir.

Con el tiempo volví a sentir mis manos acariciar mis tobillos. Mis lágrimas saltaron cuando conseguí volver a ducharme solo. Y poco a poco fui recuperando mi cabeza, aunque nunca volvió a tener la potencia que tenía años atrás. Tenía que sonreír, y saber que la esperanza era lo último que podía perder.

Por decisión propia, y mientras seguía mi recuperación, comencé a estudiar PNL (Programación Neuro Lingüística) y *coaching*. Me parecieron herramientas muy útiles para ordenar mi vida y dar sentido a mi actual situación. Me había formado siempre con una cabeza privilegiada, pero ahora sería el momento de analizar qué quería hacer con mi existencia. Quizás tanta potencia no se estaba usando correctamente, y con las herramientas que iba aprendiendo era hora de poner en duda muchas de mis creencias. Empecé a pensar que quizás las cosas no habían salido así por casualidad.

Tardé meses en rescatar muchos de mis recuerdos. Afortunadamente guardaba fotos y un diario desde los 16 años y me sirvieron para reensamblar muchas neuronas. Lo que mucha gente no entenderá jamás es cómo tengo calambres en la cabeza cuando reconecto recuerdos perdidos. En la actualidad me siguen ocurriendo con frecuencia, pero lo he incluido en mi vida de forma natural, aunque siempre me hacen recordar lo limitado que estoy actualmente.

A muchos nos ha tocado vivir algún accidente en la vida, en donde hemos tenido que aprender a andar de nuevo en una rehabilitación. Pero es más complicado tener que rehabilitarse neuropsicológicamente, volver a aprender todo, a concentrarse, a memorizar. A mi me tocó, y creo que tuve una capacidad y un hambre mayor que en mi infancia. Según era consciente de todo el poder de las herramientas que aprendía, más ganas tenía de poner orden en mi cabeza.

Mi formación en *coaching* me fue fascinando poco a poco. Y cuanto más lo practicaba, más descubrí una de mis mayores habilidades: aprender de los demás. En cada sesión tenía que aprender a no juzgar, pero grabé en mi interior más interior las lecciones que vivían mis clientes. Y siempre, desde mi trágica experiencia, podía apoyar que lo más importante en la vida es poder respirar, y eso no se debe olvidar.

Comencé a organizar todo de una forma escrupulosa, escribiendo algunos apuntes que les entregaba a los clientes con el tema principal de la sesión. Junté experiencias de muchas materias que había aprendido: del master con sus recursos humanos, marketing, generación de expectativas; de la PNL con sus prejuicios, predisposiciones, valores, aprendizaje; y del *coaching* con aspectos como los compromisos, cambios, visión futura. Añadí a todo unos ejemplos sencillos y mi valor más importante: unas ganas increíbles de disfrutar la vida.

La persona que me atropelló no tenía carné de conducir motocicletas, y dio positivo en el control de alcoholemia. Sin duda, un desgraciado evento de los que se cruzan en nuestra vida y nos la cambian por completo. Pero todo lo que pasó en los años sucesivos fue mucho peor que acariciar la muerte en sí.

La persona que me atropelló trabajaba en una compañía de seguros. Y él, que había sido detenido por la policía y que se encontraba frente a una pena de cárcel, se dedicó desde el primer momento a falsificar todas las pruebas posibles. Entró en el hospital afirmando que un drogadicto se había tirado a su motocicleta causando el accidente.

Consiguió que el bulo fuera transmitido, y los médicos no me hicieron ninguna prueba. En algunos informes me acusan de ser toxicómano, por inverosímil que pueda parecer. La única prueba que tenían fue mi declaración entrando al hospital con un TCE (traumatismo cráneo encefálico) y en medio del coma. Al parecer me preguntaron, -«¿Qué has tomado? ¿Has tomado éxtasis?», y es que debe ser muy habitual que en el lugar del accidente un sábado de madrugada ingrese casi todo el mundo drogado. Según los médicos, parece que balbuceé un tímido sí. Yo no recuerdo nada, pero mi palabra estando en ese estado jamás debió ser tomada en serio, cualquier médico me tendría que haber hecho una prueba de tóxicos. Pero la persona que me atropelló fue un excelente manipulador y consiguió su objetivo. No hubo pruebas, pero sí afirmaciones de los médicos de tal adicción.

Personalmente creía que estaba ante un juicio ganado desde el comienzo, ya que documenté todas mis secuelas físicas, y tenía un perfecto peritaje de la policía (que acordonó la zona, avisó a la ambulancia, y a quienes probablemente deba la vida). Pero el primer juez evitó muchas cosas y fue cauto en la sentencia. Exculpó al motorista y simplemente le amonestó con 600 euros de multa y 5 meses de retirada de carné. Habían exculpado a una persona que no tenía carné de conducir, que un día había decidido emborracharse, y casi había matado a una persona conduciendo una motocicleta de 250cc.

No lo podía creer, ya que como buen ingeniero había estudiado todas las posibilidades y tenía documentación de todo. Armado de valor y considerando que era un simple despiste del juez, recurrí ante el tribunal provincial correspondiente. Para mi sorpresa tardaron menos tiempo del debido, y sentenciaron en mi contra a los pocos meses.

Y me quise suicidar.

Cuando a un ingeniero informático, que además es obsesivo compulsivo, le aparece un factor que no había previsto, como el que los jueces sean un desastre, le descuadra por completo. A nosotros, los puentes no se nos pueden caer por azar, y desde luego, aprendí que la justicia era más subjetiva de lo que yo podía entender. Perdí la oportunidad de recurrir al Supremo por la simple necesidad de apartar de mi vida el juicio o acabar loco. Después de unos meses, y tras ayuda psicológica, decidí recurrir para poner orden en eso. Mi nuevo abogado siempre ha afirmado que hay una oportunidad entre un millón. Pero considero que si es lo que más quiero, aunque sólo haya una oportunidad entre un millón, merece la pena intentarlo. Además, es lo justo, ya que ni soy toxicómano ni me intenté suicidar lanzándome a ninguna moto.

¿Y qué es lo justo? ¿Y qué es lo verdadero para nosotros? ¿Y qué hay que realmente nos haga feliz? Esta experiencia me ayudó a conocerme por dentro, y me ayudó a pensar cosas que jamás habría pensado en mi anterior vida. Quizás a la persona que me atropelló le deba el saber quererme ahora como no me quería antes.

Y fue entonces cuando entendí que mi motivo en la vida era ayudar a los demás, y desde mi experiencia, saber explicar que la vida es un arco iris de experiencias. Algunas nos serán gratas, y otras muy desagradables, pero nunca hay que perder la esperanza de querer tener nuevas vivencias. El libro de *Autocoaching®* ya estaba escrito desde hace tiempo, pero con eso no llegaría a todo el mundo. Así que comencé a desarrollar la web de Autocoaching®[6] en donde plasmaría un sistema que ayudaría a las personas a dar los primeros pasos para reflexionar sobre sus vidas. Unos pasos importantes, porque si no pensamos nosotros en lo que queremos en la vida, ¿quién lo va hacer?

La web de Autocoaching® llevó dos años de desarrollo, y nunca

6 www.autocoaching.es

ha parado de crecer. Ahora, junto con el libro, la rueda de la vida imantada, y la web, me sirve para ayudar a muchas personas en conferencias, presentaciones, cursos, a que se propongan conocerse un poco mejor. Porque la vida es para disfrutarla. Antes de que sea muy tarde… y tengan que verse en el borde de la muerte. Ahora sé que aquello fue cosa del destino.

El Destino nos empuja a veces a tomar una u otra dirección para guiarnos por la vida, haciéndonos cumplir precisamente aquello que nosotros mismos nos hemos propuesto hacer, aunque no lo tengamos presente de manera consciente

Hemos hablado mucho hasta ahora de eventos que nos suceden debido a la implicación de nuestro subconsciente, nuestros deseos y aquello que queremos manifestar. Sin embargo, existe una categoría de eventos como los de la historia de Pedro que comportan un cambio tan radical en nuestra vida que es difícil atribuirlos siempre al trabajo diario de nuestra mente inconsciente y al hecho de atraer hacia nosotros una serie de situaciones.

Son hechos que cambian nuestra vida de una forma inusual y radical en el sentido más estricto de la palabra, desde altos ejecutivos que se convierten en monjes budistas tras haber hecho un viaje de negocios a la India hasta personas que se hacen ricas tras haber vivido años en la calle como «sin techo». Todos lo achacan al «destino».

Al igual que Pedro, muchas personas, cuando se ven envueltas en circunstancias que suponen un cambio brutal en su vida, un punto de cambio de dirección total, un evento que deja huella para siempre, las atribuyen al destino. Pero, ¿qué es el destino? ¿Es posible que estos hechos los hayamos puesto nosotros mismos en nuestra vida para corregir un rumbo que pudiera parecer equivocado, aun escogido conscientemente por nosotros mismos?

Según la enciclopedia, *Destino* es el poder sobrenatural que guía las vidas de cualquier ser de forma necesaria y a menudo fatal. En la cultura occidental, la mayoría de las religiones han creído en formas del mismo, especialmente relacionadas con la predestinación de los eventos que ocurrían. Los griegos llamaban al destino «Anagké» y lo consideraban una fuerza superior no solo sobre los hombres, sino incluso sobre los mismos dioses. En la mitología griega el destino era la diosa Moira (rebautizada como Fatum en la mitología romana).

El destino es una construcción metafísica, y como tal está sometida a muchas interpretaciones. Para la mayoría, el destino sería la sucesión inevitable de acontecimientos que ocurren en ciertos momentos de nuestra vida, con un efecto realmente fuerte en la misma. A la relación de los hechos que nos ocurren y que pudieran estar causados por nosotros mismos (consciente + subconsciente) hemos de añadirle otra dimensión como la que hemos mencionado: hechos que nos ocurren porque estaban «programados» de antemano, o preparados para el caso de que no se cumplieran una o más de las expectativas o premisas que nos habíamos impuesto a nosotros mismos antes de nacer.

La mayoría de las personas han pasado tiempo, en algún u otro momento de sus vidas, tratando de entender cuál es la relación entre el libre albedrío y el destino, si es que existe alguna, tratando de encontrar equilibrio y balance a la pregunta de si los grandes acontecimientos que aparecen en nuestra vida están predestinados o si por el contrario todo depende de nuestras decisiones. La sincronicidad se relega muchas veces a eventos cotidianos, pequeñas cosas que nos pasan en el día a día, pero cuando sucede algo realmente grande, con un fuerte impacto en nuestra vida, la gente habla del destino.

¿Realmente tenemos esos macro eventos marcados en nuestra vida con antelación? ¿Existe un plan de acción por el cual, queramos o no, vamos a pasar por ciertos eventos, conocer cierta gente o sufrir ciertas cosas? ¿Dónde queda de nuevo nuestro libre albedrío para decidir qué camino elegir, qué acción ejecutar o qué decisión tomar?

Y es que a todos nos ha pasado, viendo nuestra vida de forma retrospectiva, cómo alguno de los eventos que más nos han marcado parece que llegaron «porque tenían que llegar». Porque a pesar de que diste mil vueltas al planeta, la persona con la que acabaste fue la misma que por casualidad había ido contigo al colegio desde pequeño, porque tu trabajo te envía a otra ciudad y no tienes más remedio que aceptarlo en las circunstancias en las que te encuentras, y acabas viviendo felizmente el resto de tu vida en ella, porque te ofrecen una beca para estudiar una carrera y terminas siendo la persona que descubre la nueva vacuna de la nueva enfermedad tal. Nuestra vida tiene esos momentos importantes que nos marcan, de los que nos acordamos por muchos años que pasen porque dejan huella, porque son puntos de inflexión muy importantes en el camino que llevamos. Y a todo eso, muchos, le llamamos «destino».

¿Cuál es la relación entre el destino y la sincronicidad? ¿Cuál es la relación entre el destino y el libre albedrío? ¿Se oponen ambos conceptos? En realidad son complementarios, y en cierto modo no comparables, porque trabajan a distintos niveles de realidad. El primero, el destino, está siempre al nivel de vista de pájaro, acaparando todo, desde muy alto, con una perspectiva imposible de imaginar. El segundo está con los pies en el suelo, tomando decisiones pequeñas o grandes, pero con un campo de visión limitado. La sincronicidad es el pegamento que une todo lo que nos pasa tanto a nivel global como a nivel micro, del día a día, y sin embargo, uno complementa al otro, y ambos trabajan para nuestro «bien mayor» en pos de los objetivos más elevados que nosotros, como personas, podemos llegar a alcanzar y de los servicios que, como humanos, podemos llegar a ofrecer al resto de la sociedad.

Imagínate que antes de nacer, existiendo sólo como conciencia, como energía pura, nos planteamos la nueva vida que vamos a tener a raíz de una serie de variables y eventos elegidos por nosotros mismos para experimentar ciertas cosas. Nuestra conciencia, aún no encapsulada en nuestra mente, sino formando parte del todo universal, hace revisión de los hechos y lecciones aprendidas anteriormente y prepara el nuevo «plan de estudios y acción» para la próxima vida. Elegimos a nuestros padres según sus cualidades y su situación social, y según el entorno en el cual creemos más conveniente nacer para poder llevar a cabo los planes que nos proponemos. También elegimos a los compañeros y personas más importantes en nuestra vida, de mutuo acuerdo, que nos acompañaran a lo largo de ella para hacernos crecer, aprender, experimentar, amar, soñar, vivir.

Nuestro Yo interior, alma, esencia o como decidas llamarlo, elige entonces las situaciones y eventos por las que habremos de pasar para llevar a cabo nuestro nuevo propósito y las prepara para que acaben llegando a nosotros en momentos clave de nuestra vida. Estos eventos están PREDESTINADOS, están sincronizados como todo el resto de situaciones de nuestra vida, y están acordados con el resto de mentes del inconsciente colectivo, en nuestra propia malla de acontecimientos y situaciones. Estos eventos son los pilares que harán que al final de esta nueva encarnación, podamos evaluar o no si hemos aprendido y realizado aquello que nos proponíamos. Son, digamos, los elementos clave de nuestro desarrollo en esta vida, en este instante, cuando se trata de ver si en realidad hemos aprendido la lección o lecciones que en su momento decidimos ponernos a estudiar.

La idea de que tienes una misión o propósito en la vida que cumplir da respuesta a la pregunta «¿y yo qué hago aquí?», pero sólo hasta cierto punto. Así como somos especiales y únicos para cumplir una determinada función[7], también estamos en esta escuela «de la vida» para aprender ciertas lecciones. La principal de ellas es lo que podríamos llamar, «tu lección en la vida», el segundo aspecto importante de nuestra existencia.

¿Te has planteado alguna vez por qué muchas de las situaciones que vives parecen tener un denominador o característica común? Quizás en tus relaciones siempre atraes cierto tipo de persona, quizás tus trabajos acaban teniendo siempre del mismo trasfondo, quizás se te presentan oportunidades que parecen asemejarse vagamente unas con otras. La respuesta es que naces con la frecuencia adecuada para atraer los eventos idóneos que necesitas según tu «plan de estudios».

Cada uno tenemos un camino evolutivo y unas cosas que apren-

7 De todo esto trata mi primer libro «El Mejor Trabajo del Mundo».

der. Es como una escuela: unos cuantos años en primaria, otros en secundaria, otros más en la universidad, etc. Vamos estudiando, vamos pasando de curso, vamos aprendiendo y evolucionando. En cada uno de esos cursos aprendemos cosas diferentes: matemáticas, ciencias, idiomas, música, etc.

La escuela de la vida es parecida, por usar la analogía. Pero las lecciones son mucho más largas, profundas, adaptadas y especiales para cada uno de nosotros, y puede llevarnos muchas vidas pasar de un curso a otro, incluso en las lecciones más fáciles en los «primeros años» de estudio. En la escuela de la vida lo que aprendemos son cosas tales como el perdón, la compasión, el amor, la amistad, la humildad, la alegría, la tristeza, la rabia, la libertad, etc. Las lecciones no pueden evitarse, y a nadie le importa más que a ti que las aprendas y pases a la siguiente de ellas.

En cada vida tenemos un «tema principal», una macro lección que aprender que dominará el tema central de nuestros años de existencia hasta que seamos capaces de asimilarla y «aprobar» el examen que nos permita pasar a la siguiente etapa evolutiva. Quizás en estos momentos tu lección sea aprender a perdonar, y te sucederán muchas, pero muchas cosas, en las cuales te verás enfrentado a la decisión de perdonar, o no, a otros, por cosas que te han hecho. Porque además estarás vibrando a una frecuencia a la cual atraerás todo tipo de situaciones de este tipo. Quizás tu lección sea aprender a apoyar a otras personas, y tu vida estará salpicada de situaciones en las cuales vendrán a pedirte ayuda por doquier, quizás se trate de ser más abierto de pensamiento, de apreciar otros puntos de vista, de descubrir lo que es el amor, etc., de forma que aparecerán cientos de situaciones que tendrán como denominador común ese tema en su raíz.

Nuestro problema es que no sabemos identificar precisamente esa raíz común de las cosas que nos pasan a grandes rasgos. Pensamos que tenemos relaciones desastrosas en las cuales siempre salimos mal parados y no nos damos cuenta de que en todas ellas se nos daba la oportunidad de abrirnos a la otra persona y en ninguna lo hacíamos, de forma que cuando una relación se terminaba, el imán que somos nos mandaba otra similar para volver a darnos la oportunidad de aprender lo que debemos aprender. Cuando en todos los trabajos que tenemos nuestro jefe es abusivo, parece que siempre encontramos el mismo tipo de persona, quizás es que no nos damos cuenta que debemos aprender a decir que no, o a demostrar más coraje o a plantarnos y decir basta. Mientras no aprendamos eso seguiremos encontrando las mismas situaciones, porque eso es lo que nos toca aprender en esta vida, en estos momentos. En el instante en que aprendemos la lección, nuestra frecuencia cambia, se modifica, deja de atraer hacia nosotros ese tipo de eventos, porque ya no es necesario, y nuestro imán se focaliza en el siguiente tema a superar, tan bien trazado en nuestro plan inicial de estudios.

Cuando en nuestra vida vemos que parece existir un tema recurrente en todo lo que nos pasa, hemos de indagar cuál puede ser la raíz común de todas las situaciones y descubrir qué es lo que se supone que has de aprender o superar. Es precisamente por ese motivo que algunos de los elementos que atraemos hacia nosotros son elementos predestinados, escogidos por nosotros al nacer y puestos en el gran ordenador de la mente inconsciente para que aparezcan en nuestra vida en un momento u otro, porque son los que nos van a dar el punto de inflexión necesario para permitirnos aprender algo, empujarnos hacia una u otra dirección o ayudarnos a avanzar en un cierto sentido.

En todas y cada una de las situaciones cotidianas tenemos en cada instante el poder de decidir qué hacer con ellas. ¿Seguimos con nuestra pareja que nos maltrata, seguimos con un jefe que nos pisotea? Es elección nuestra enfrentar el tema, aprenderlo, integrarlo y seguir adelante o dar la vuelta, girar a la izquierda, mirar a otro lado, cambiar de trabajo y encontrarnos con un nuevo jefe o una nueva pareja que se comporta de la misma forma. Puedes seguir actuando así siempre que quieras, hasta el momento en que llegará a nuestra vida un evento que parece no dejarnos ir marcha atrás o no tener una vía de salida si no es hacia delante. Está ahí para que te enfrentes a él, para que suceda algo importante que pueda hacerte ver algo que no eres capaz de ver o hacer algo que no eres capaz de hacer. El destino, a vista de pájaro, actúa, lo tenía planificado desde el momento que naciste, y ahora lo coloca en tu camino, para que tú, con tu libre albedrío, y siguiendo a tu intuición y a las señales del universo, sepas que es por ahí por donde hay que tirar.

La forma más adecuada de representar esto se asemeja a un laberinto con múltiples opciones. Hay una entrada (cuando nacemos) y hay una salida (cuando morimos). Nuestra mente subconsciente pondrá en nuestro camino esos eventos predestinados (= pre-acordados por nosotros mismos para que sucedan en nuestra vida) y nos irá guiando a través de las señales, mensajes, situaciones y múltiples notas del universo para que vayamos llegando a ellos, y superándolos. Cuánto tiempo tardamos, y qué camino escogemos para ir de un sitio a otro es cosa nuestra (el libre albedrío). Dependiendo de nuestras acciones y decisiones, nuestro destino irá haciendo ajustes para que, según el recorrido que vayamos tomando, estos eventos importantes de nuestra vida acaben llegando hasta nosotros de una manera u otra. Es decir, los eventos importantes se irán moviendo dependiendo de nuestras decisiones, pero no desaparecerán, sino que simplemente se adaptarán a nuestra nueva realidad según la vayamos generando en cada momento.

Uno puede encontrarse etapas del camino donde se sienta tan a gusto que es posible que decida que ahí es donde se quiere quedar. No hay problema, por cuanto es nuestra decisión y seremos nosotros quienes evaluaremos al final si fue una buena decisión o no. Lo que no cumplamos en esta vida quedará para la siguiente (si así lo decidimos). De todas maneras, el universo estará siempre mandándonos señales y empujándonos en cierta forma para que cumplamos aquello que nos propusimos al nacer.

Y es que, como hemos dicho, si prestamos atención a nuestra vida, si hacemos caso a las señales, llegaremos rápidos y de forma fácil a todos los puntos importantes. Si pasamos de ellas (o no nos damos cuenta), es posible que pasemos más tiempo encontrando callejones sin salida, o hagamos un recorrido más largo de lo que podríamos haber hecho, para llegar de un sitio a otro. Saber reconocer las señales requiere estar simplemente atento a esas intuiciones, a esas personas que nos encontramos de repente y que nos dicen tal o cual, a esos libros que nos llegan a las manos, etc. Hay mil formas de recibir un mensaje. Cuanto más aprendemos a reconocerlos, más patentes se hacen y más a menudo somos capaces de reconocerlos. Es un bucle fantástico. La segunda parte consiste en actuar en consecuencia. De nada sirve que nos indiquen y aconsejen por dónde ir si luego tomamos el camino contrario.

Algunos eventos en nuestra vida son situaciones por las cuales hemos elegido pasar o vivir porque forman parte de nuestro plan evolutivo

Sólo el hecho de decidir ya es algo positivo. No existe una decisión mala, por cuanto no decidir implica no moverse del punto del laberinto en el que nos encontramos. Por eso, no importa cuál sea la decisión que tomemos, ésta siempre será correcta. Cuando estamos delante de una encrucijada, de dos o más caminos distintos, es muy posible que más de una decisión sea buena para alcanzar nuestros objetivos (llegar a un punto importante), y que otras nos hagan dar algún rodeo, pero nuestro inconsciente nos ayudará a que en el camino en el que estemos, aparezcan las lecciones que debemos superar.

Si entendemos la vida como un camino hacia delante, con una serie de objetivos diseñados de antemano por nosotros mismos antes de nacer y con libre albedrío para decidir cómo llegar a ellos, entonces uno comprende la necesidad de entender claramente cuáles son esos objetivos, cuál es nuestra misión en esta vida y de qué forma podemos aprender a leer las señales que nos irán acercando a los eventos más importantes por los cuales hemos de pasar.

Sea cual sea nuestro objetivo en esta vida, lo importante es seguir siempre hacia adelante, disfrutando del camino, y cuando las cosas no van bien, pararse y preguntarse si es que hemos llegado en nuestro laberinto particular a un punto en el cual debemos andar un poco para atrás y retomar otra senda. En todo caso, en cada encrucijada nos esperan nuevas sorpresas y nuevas lecciones, y a veces, los obstáculos, no son más que pequeñas vallas para que aprendamos a saltar, ya que detrás de ellas se encuentra una situación mucho mejor de lo que jamás podríamos llegar a imaginar desde este otro lado del muro.

Un actor con participación activa

Es siempre mejor dar demasiado, pagar demasiado y amar demasiado, que no lo bastante. Porque, ya sabes, querido amigo, que todo lo que damos nos viene siempre de vuelta. Así, ¿puede existir en realidad demasiado?

El Universo

Todas las sincronicidades y situaciones que nos ocurren y en las que nos vemos envueltos no siempre están destinadas a nosotros, o, al menos, no directamente.

Y ahora dirás: ¿Cómo que no? ¿Y entonces qué es lo que has estado explicando en todas estas páginas hasta ahora?

Digámoslo de otra manera. Todos los eventos que te ocurren y en los cuales te ves envuelto te están destinados, pero no eres siempre tú el actor principal. A veces, cuando al universo le hacemos falta, nos pone a sus anchas en aquellas situaciones en las cuales somos útiles, y hay que aceptar que uno tiene que asumir el rol de actor secundario o de figurante para la obra de teatro de cualquiera otra persona, aunque, en realidad, estos papeles sean tan importantes, la mayoría de las veces, como el papel del actor principal en tu propia obra, pues sin ti no existiría y no sería posible completar ninguna otra representación, si no hicieras falta, no te habrías visto envuelto.

Muchas veces tenemos que ser parte de la vida de otros seres para que esas otras personas avancen en su camino, encuentren sus señales o tomen sus decisiones. A veces, tenemos que ser parte de una puesta en escena por parte del universo para ayudar a otros, para que la situación exacta suceda a aquellos a los que tienen que sucederles, las conozcamos o no, sean parte de nuestro entorno o se crucen con nosotros por primera vez, y siempre, siempre, hay que saber asumir ese papel y actuar conforme a él, haciéndolo lo mejor que podemos, porque de nuestra actuación depende el buen resultado del mensaje o la ayuda que se le ha de dar a otros. ¿O es que no te has fijado que cuando a ti te ocurre algo que te beneficia, siempre es porque hay otras personas envueltas que cumplen cada uno el papel adecuado para ti en ese momento? No es que estos actores, involuntarios muchas veces, siempre se den cuenta y sean conscientes de su situación, pero eso no les impide que participen en la escena que a ti te está haciendo falta ver representada. Pues bien, ahora que eres consciente de que esas escenas están a tu disposición cuando las necesitas, es momento de participar en la obra de teatro del resto de personas que te rodean de forma consciente, sabiendo dónde estás metido, y con la responsabilidad de hacerlo lo mejor posible (y no, no importa que no hayas estudiado arte dramático para ello).

Y es que, cuando empiezas a notar y a recibir los beneficios que supone reconocer las sincronicidades y los mensajes del universo, este, a su vez, te pide que le ayudes y le devuelvas el favor participando como actor en la vida de otros seres humanos con los cuales aún hay trabajo que hacer, convirtiéndote en el mensajero de otro tipo de mensajes y señales que, en tu caso, sabes de forma positiva que van a ayudar a otros y que van a recibir lo que están buscando gracias a ti.

Siempre hay un propósito concreto para cualquier situación de la vida de otros en la que nos veamos involucrados

Es un juego justo. El universo trabaja siempre a múltiples bandas; a veces eres tú quien recibe todos los beneficios por esa serie de eventos que te suceden, y otras veces tienes que aceptar que en realidad, estás ayudando en los eventos que les suceden a otros. Quizás en este caso no perdiste el metro porque tenía que pasarte algo a ti, sino que tenias que hacer un pequeño papel en la vida de otra persona que tenía que ver el título del libro que llevas en la mano, lo que pone en tu camiseta, tenía que oler tu perfume para recordar algo o alguien o tenía que confundirte con un conocido para que se le despertaran memorias y la necesidad de llamarlo. No importa. En realidad es mejor no preguntarse cuál es tu papel, pues no siempre está claramente definido desde nuestra perspectiva, aunque a veces sea divertido conocerlo o incluso adivinarlo cuando estamos en medio de una situación en la que pareces haberte visto envuelto sin saber exactamente qué te puede llegar a aportar.

Y es que ejemplos de estas situaciones hay muchas, como cuando en alguna ocasión te ha sucedido algo que te ha retrasado, apartado de tu camino ligeramente o cambiado de planes y de repente te encuentras con alguien que te pide ayuda, necesita indicaciones, ha perdido algo o busca algo y tú sabes dónde se puede encontrar, u oye algo que estás diciendo por el teléfono o escucha la conversación que tienes con tu amigo y eso es precisamente lo que necesita en ese momento justo. Si tu hubieras estado un poco antes o un poco después en el lugar de encuentro, esa señal no se hubiera producido, y es por ello que siempre, siempre, el universo hará todo lo que esté en su mano para que estés en el sitio correcto en el lugar correcto, aunque no sea esta vez tu sitio ni tu lugar, sino el de otro.

Lo interesante del caso, es que la mayoría de las veces, los eventos tanto para ti como para otras personas ocurren de forma simultánea, pues la sincronización del universo y sus recursos son tales que es posible que en una misma situación alguien te esté ayudando a ti y tú a su vez estés ayudando a una tercera persona, todo en la misma acción, y todo a la vez, pero eso no es lo que importa en estos momentos. El mensaje que os quiero transmitir aquí es que cuando aprendemos a reconocer de forma consciente que estamos siendo activamente «usados» para ayudar a otros, es hora de hacer nuestro mejor papel.

Es en este tipo de situaciones, en las que te das cuenta que has cogido tres calles de forma equivocada para irte a topar con alguien totalmente perdido que necesita ayuda, o perder el bus por dos segundos para que llegue otra persona a la parada preguntándote por tal sitio por el cual acabas de pasar precisamente al equivocarte de calle, es cuando hay que reconocer que somos parte de la caja de herramientas del universo que nos necesita para ayudar, no sólo a nosotros, sino a absolutamente todo el mundo a nuestro alrededor.

¿Por qué sucede esto? Porque evidentemente en esta nuestra dimensión física los acontecimientos suceden por las acciones de las personas que vivimos en este planeta, porque para que algo llegue a nosotros, otros seres deben verse involucrados, objetos deben cambiar de manos, información debe ser trasladada y acciones deben ser ejecutadas. Porque aunque es posible que existan personas tan poderosas mentalmente que sean capaces de materializar todos sus pensamientos de la nada, del éter, de la energía del universo, a la mayoría de los mortales, para que nuestros objetivos se vean cumplidos, nos hace falta la puesta en escena no sólo de un evento, sino de miles, en los cuales necesitamos a su vez la ayuda de cientos de personas. Y nosotros somos una de esos cientos de personas que también estamos involucrados en la matriz de la conciencia colectiva, ayudando a las mentes subconscientes del resto de humanos a conseguir lo que desean. Porque de eso se trata. De colaboración. Es curioso cómo a cierto nivel todos colaboramos y nos ayudamos, todos procuramos el mayor bien de todos, y sin saberlo, o sin quererlo, apuesto lo que sea a que en más de una acción hemos podido ser actores secundarios de la vida de nuestro peor enemigo. Pero eso de «al enemigo ni agua» sólo es parte de los procesos del ego y de la mente consciente, y no funciona a niveles más profundos y menos para el universo.

La ayuda mutua es siempre solicitada, aceptada y entregada por defecto. El universo no compila tus pensamientos y dice: mmm, este no se lleva bien con aquella. Lástima, los necesito juntos en un evento para proporcionar una señal a cierta persona pues ambos tienen las características o la información que necesito transmitir... Qué mala suerte, ¿y ahora qué hago? ¿A quién busco?

Al universo le da igual. Si eres su pieza del rompecabezas que encaja en el hueco perfecto junto con otros actores, ahí te intentará colocar, porque a ese nivel desde el cual todo se controla, se sabe que esos pensamientos no tienen importancia, no son más que emanaciones del ego la mayoría de las veces (veremos con más detalle esto más adelante), y por ende, ni siquiera se molesta en plantearse si te va a gustar o no encontrarte con alguien que te cae muy mal si con eso se puede solucionar un evento sincronístico que le hace falta a otra persona (o a alguno de los dos, por supuesto). ¿Puedes negarte a ello? Bueno, claro que puedes. No tienes más que salir corriendo de donde estás en el momento que te encuentras con esa persona, pero por alguna razón no lo hacemos, y no pasaría nada si lo hiciéramos. Como digo, a esos niveles, nuestros sentimientos de culpa, enfado, descontento, o lo que sintamos, no tienen ningún valor, y una vez más, nuestro libre albedrío predomina en este universo por encima de todo. Somos libres de salir pitando de esa situación en la que nos hemos vuelto envueltos sin terminar de representar nuestro papel. No habrá consecuencias. ¿Sería un poco absurdo que las hubiera, verdad?

No es un requisito básico ni indispensable para seguir recibiendo ayuda del universo y del inconsciente colectivo que nosotros participemos de buen grado allá donde se nos requiera o que cada vez que eso suceda demos la espalda al mundo. Los recursos disponibles son infinitos y es probable que si no quisiéramos, egoístamente, participar en situaciones que ayudan a otras personas, estas recibirían de igual forma la información y señales que necesiten recibir, pero, eso sí, nosotros estaríamos actuando de forma totalmente egocéntrica, lo cual, a la larga repercutirá en nuestra vida, no por ningún tipo de venganza del universo, sino por las simples leyes de funcionamiento de nuestra realidad. Léete de nuevo la frase que encabeza este capítulo.

Cuanto más damos a los demás más recibimos a cambio. Ser consciente cuando estamos tomando parte en algo que ayuda a otra persona y esforzarnos por cumplir nuestro papel a la perfección es una señal de agradecimiento al universo por las cientos de ayudas que habremos recibido y que recibiremos a cambio más adelante. Personalmente, si me veo envuelto en una situación así que a mí particularmente no parece ayudarme, pero que está claro que a otra persona sí, hago todo lo que puedo para averiguar cuál es mi papel y dar esa ayuda. No tienes que hacer nada más. Tienes que cumplir con tu rol en el servicio a esa persona, el universo te ha puesto ahí para ello y confía en que lo harás bien, porque te conoce, y porque sabe que ahora, a nivel consciente, estás al tanto de los beneficios de las señales y los eventos sincronizados, y que al igual que disfrutas plenamente de ellos, también puedes hacer que otros lo hagan gracias a ti.

Ser consciente de cuando uno se ve envuelto en situaciones en las cuales somos parte de la caja de recursos del universo para ayudar a otros es una satisfacción enorme. Por alguna razón, te sientes realmente útil a la vida, importante para algo que nos sobrepasa, y te sientes feliz, porque contribuyes con el simple hecho de estar en un sitio o decir algo en un momento oportuno. Porque algo que tú sabes o puedes hacer, tiene la oportunidad de ser aprovechado por los demás en un momento determinado, no hay que hacer ningún esfuerzo especial o suplementario, sino simplemente dejarse guiar y ejecutar el guión que nos están dando. Tranquilo, todo el mundo sabe que si estás ahí, en ese momento, es porque eres la persona perfecta para la situación adecuada. Sé consciente de ello. Disfrútalo y quién sabe, quizás a la vuelta de la esquina tengas una sorpresa esperándote como recompensa por haber cumplido tan bien tu papel.

PARTE IV
DECODIFICANDO LA REALIDAD

La realidad es una ilusión mental

La realidad es una ilusión, aunque una muy persistente

Albert Einstein

Ya sabemos como hemos de crear la realidad que queremos, comprendemos el poder que tenemos para atraer hacia nosotros ciertos eventos, para evitar otros, o como aceptarlos cuando no parece que tenemos más remedio. Hemos visto como funciona la parte «generadora» del mundo que vemos ahí fuera, pero aun no sabemos como funciona la parte «receptora». Es decir, mi cuerpo, mi mente, emiten ondas y pensamientos que se transforman en algo que yo percibo como real y que no es otra cosa que aquello que tiene una frecuencia similar a lo que yo emito, pero ¿como se y percibo yo que eso que tengo es lo que he manifestado? ¿Cómo llega a construirse mi mundo real, el que veo con mis ojos, el que toco con mis manos?

Bien, pues malas noticias, no son tus ojos ni tus manos los que perciben el mundo que llamamos «real». Es tu cerebro quien trabaja construyendo hologramas tridimensionales en base a, parcialmente, la información que recibe de los sentidos, y que en realidad no son mas que la representación que considera valida para aquello que cree estar recibiendo. Y aun así, se inventa cosas. Pura ilusión.

Vamos a ver si lo explicamos.

«Viendo con la mente»

Todo aquello que percibimos como real no es más que una proyección mental en tres dimensiones de lo que nuestro cerebro decodifica. Nuestros ojos no «ven», es el cerebro el que «ve». Los ojos son lentes que pasan información desde la retina hasta el cerebro, que es donde se forma la imagen. Nuestros ojos son como las lentes ópticas de las cámaras que dejan pasar la luz, esos haces energéticos que existen ahí fuera, y los envían hacia el interior de la mente para procesar esa luz, sin hacer, en ningún momento, juicios o presunciones sobre que representa.

El ojo no sabe que está recibiendo la energía lumínica de una silla o de un elefante, y francamente, le da igual, su función es simplemente transmitir el haz hacia el interior. Sin embargo, en el camino hacia el córtex visual del cerebro, los lóbulos temporales editan, recortan y filtran hasta un 50% del haz lumínico inicial y solo esa parte editada de lo que en realidad habíamos percibido a través de la retina, es lo que llega al cerebro, que, entonces, se pone en marcha para «decidir» que es lo que está recibiendo y a que corresponde esa energía que le ha llegado, y así construir a partir de aquí, la imagen en 3D de lo que cree tener delante.

Así, si lo que «vemos» está basado en menos del 50% de una información captada del exterior, ¿cómo sabemos qué es real y qué es inventado? ¿Cómo se forma lo que percibimos como real para nosotros en nuestra mente? La respuesta es que el cerebro compone el otro 50% de información con datos de los que ya dispone, de nuestra presunción de cómo debe ser el mundo de ahí fuera, de lo que «esperamos» ver en realidad y de todo aquello que tiene acumulado en los bancos de memoria y a los cuales tiene acceso, a través del condicionamiento y la programación con la que nacemos, a través de nuestro ADN. Por eso cada uno «ve» las cosas de forma diferente, porque básicamente su holograma final, su representación tridimensional de ese objeto o situación que ha creado, ha sido generada a imagen y semejanza de lo que ha «encontrado» por «aquí dentro» para construirla.

Aquello que imaginas, es aquello que creas, convirtiéndose en aquello que ves

Tal y como describen David Icke en su libro *Tales from the Times Loop* y Michael Talbot en *El Universo Holográfico*, el viaje de la luz desde que es percibida por nuestros «sensores» (los ojos) hasta que nos enteramos que estamos viendo algo (construimos la imagen) es impresionante. La luz entra a través de la cornea y traspasa la pupila, que controla la cantidad que pasa para proteger nuestro sistema visual a través del iris. Esta luz que ha traspasado la pupila llega seguidamente al humor vítreo, una especie de masa gelatinosa que tenemos todos detrás de la pupila y finalmente el haz lumínico llega a la retina que captura la imagen, pero lamentablemente, lo hace solo en dos dimensiones y al revés, por lo que para poder terminar de discernir qué es lo que estamos viendo, la luz es enviada al cerebro en el lóbulo occipital. Es aquí, y sólo aquí, cuando el cerebro recompone la imagen y la completa con aquella información que le pueda faltar, crea un holograma tridimensional del objeto e informa a nuestra conciencia que está «viendo» algo, que finalmente resulta ser una silla.

Si nuestro cerebro hubiera recompuesto la imagen como algo totalmente diferente, y sin hacer demasiado caso de la información recibida a través de la vista, o haciendo alguna asociación errónea respecto ese haz lumínico que está registrando, estaríamos convencidos de que estamos viendo cualquier otra cosa, y esta otra cosa sería tan real para nosotros, por ejemplo un armario, como esa silla, porque la realidad se construye en nuestra mente, no en el exterior de la misma. Y básicamente lo mismo pasa con lo que oímos y escuchamos. La información es filtrada por nuestro sistema auditivo y solamente en el cerebro construimos la realidad que mejor nos va acorde a lo que esperamos oír, creemos oír o hemos oído previamente. Por eso cuando se dice algo, dos personas recibiendo la misma información pueden interpretarla de forma totalmente distinta y estar convencidos que su versión es la correcta, y ya no hablamos de discusiones entre amigos o pareja, lo que uno oye sobre lo que dice el otro, si se registrara y luego se pasara de nuevo para ser escuchado, seria realmente de espectáculo, pues todos oímos muchas veces lo que nos interesa o esperamos oír, simplemente porque el cerebro rellena la información que le falta con lo que encuentra en el interior del mismo y que concuerda con sus expectativas y creencias.

Y así con el resto de sentidos. Esto implica solo una conclusión, la realidad que vivimos es solo aquella que nos cuadra con nuestras ideas preconcebidas, aquella que nuestra mente interpreta tal y como le va bien y aquella que se ajusta a nuestros pensamientos, sensaciones, y expectativas. Básicamente, vivimos la realidad exterior en base a nuestra realidad interior: nuestro trabajo, nuestras amistades, nuestra familia, nuestra salud o nuestra abundancia material ¿Curioso, no? Ya hemos completado el círculo de la manifestación consciente. Como es adentro, es afuera.

Construyendo la realidad colectiva

Pero vamos un poco más allá, pues no estamos solos en el planeta. ¿Qué pasa con esta realidad que todos compartimos? Básicamente es una realidad impuesta, o creada por el cúmulo de pensamientos y energías lanzadas al subconsciente colectivo y a la cual nos enganchamos y aceptamos por pura conveniencia y por puro acuerdo global. Es decir, a todos nos interesa que exista una cierta estructura para poder navegar por nuestro día a día, y esa estructura, ese mundo compartido, es algo a lo que nuestra mente simplemente le ha dado el visto bueno, ha almacenado en su interior y es la información que usa para construir en nuestra mente las imágenes tridimensionales de todo lo que vemos y en lo que todos estamos de acuerdo que es así.

¿Qué es el inconsciente colectivo en realidad? Básicamente, lo podemos describir como información, ondas electromagnéticas, listas para ser decodificadas, un mundo ya creado y al cual solo nos «tenemos que enchufar» (como en la película The Matrix).

Este mundo electromagnético es percibido y «anclado» en nosotros a través de nuestro ADN, que se comporta como una antena a través de la cual recibe las frecuencias de lo que llamamos la realidad colectiva que todos percibimos. Estas frecuencias, recibidas a través del ADN, es la que nuestros sentidos perciben y la que termina, parcialmente, siendo decodificada por la mente, quien construye las asociaciones pertinentes y las imágenes tridimensionales que nosotros vemos como cosas reales, sólidas y tangibles.

Sigamos con el proceso de manifestación y descodificación de la realidad. ¿Cómo podemos llegar a tener aquello que deseamos delante de nuestras narices, a vivir una situación una y otra vez, o a atraer siempre la misma clase de personas? Recuerda de nuevo que lo que entra por nuestros sentidos es parte de lo que salió de nuestro subconsciente. Imagínate que durante dos semanas solo haces que ver películas muy tristes, y que durante esas dos semanas tu subconsciente se empapa tanto del sentimiento de tristeza que es todo lo que emana de ti. Vives en la tristeza, desprendes tristeza, vibras a la frecuencia de la tristeza. Ese sentimiento es lo que estás enviando constantemente, a través de nuestros pensamientos y emociones, al exterior.

¿Qué pasa entonces con nuestra realidad? Pues que lo vamos a atraer hacia nosotros, y los haces energéticos que entrarán por nuestros sentidos, recibidos del exterior, será pura energía asociada a sentimientos de tristeza, pues como imanes que somos, eso es lo que atraemos. ¿Y qué realidad entonces construye nuestra mente para nosotros? Pues un cúmulo de situaciones y eventos que producen y reproducen esa tristeza. Porque eso es lo que percibe, y aunque solo una fracción de eso que entra por la vista sea algo triste de verdad, como eso es lo que cuadra con el sentimiento interior que en este momento estamos teniendo, esa será la realidad que nuestra mente construya para nosotros (a lo mejor, el mismo hecho para otra persona, es percibido y reconstruido como algo totalmente diferente, pues su mente no espera decodificar una situación o evento que evoque tristeza, y por ende, no lo hace).

Y así se crea un ciclo. Si no somos capaces de cambiar el sentimiento interior de tristeza, que se convirtió en lo que emitimos y que el imán que somos atrajo hacia nosotros enganchándose a aquellas ondas que vibraban igual, mientras estemos emanando esa frecuencia, atraemos solamente situaciones, eventos y realidades que concuerden con ese sentimiento de tristeza, que lo reforzaran y que mantendrán el circulo funcionando. Y esa será la nota predominante en nuestra vida. ¿Cuántas personas conoces que se están quejando continuamente que a ellos solo les ocurren desgracias, que nunca tienen suerte, que jamás les sale nada bien? Ahora ya puedes explicarles cómo pueden romper el «maleficio».

Visto todo lo anterior, es fácil deducir que, en realidad, no vivimos más que en un mundo de ficción, que parece muy real para nosotros, y eso no lo ponemos en duda, pero si pudiéramos coger

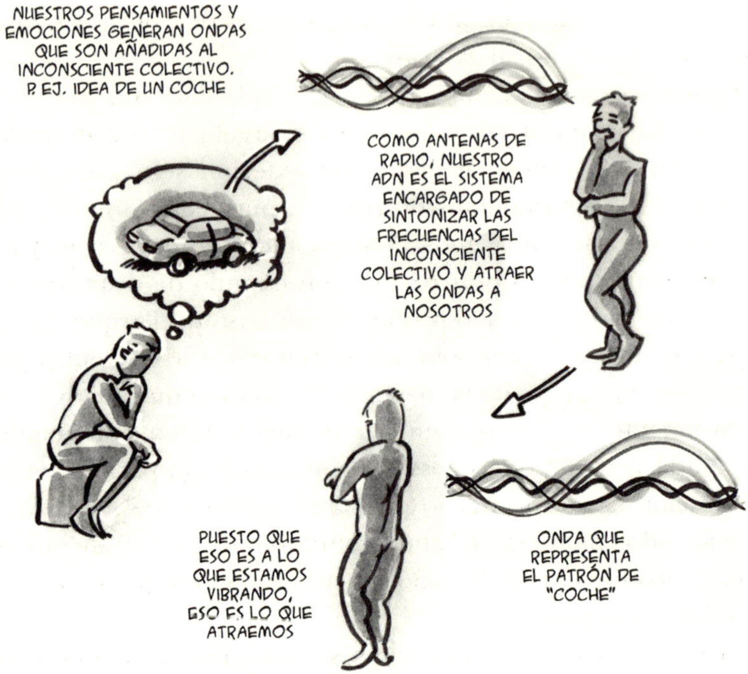
NUESTROS PENSAMIENTOS Y EMOCIONES GENERAN ONDAS QUE SON AÑADIDAS AL INCONSCIENTE COLECTIVO. P. EJ. IDEA DE UN COCHE
COMO ANTENAS DE RADIO, NUESTRO ADN ES EL SISTEMA ENCARGADO DE SINTONIZAR LAS FRECUENCIAS DEL INCONSCIENTE COLECTIVO Y ATRAER LAS ONDAS A NOSOTROS
ONDA QUE REPRESENTA EL PATRÓN DE "COCHE"
PUESTO QUE ESO ES A LO QUE ESTAMOS VIBRANDO, ESO ES LO QUE ATRAEMOS

ESTAS ONDAS ENTRAN POR NUESTROS SENTIDOS.
Y ESO ES LO QUE NUESTRA MENTE CONSTRUYE COMO REAL, EN BASE A NUESTRAS EXPECTATIVAS INTERIORES Y A LO QUE HEMOS RECIBIDO POR LOS SENTIDOS

un aparato que pudiera medir todo esto y salirnos fuera de esta dimensión, todo lo que podríamos registrar serían estos patrones frecuenciales que os he descrito.

¿Significa esto que podemos cambiar la realidad que percibimos como tangible? Pues depende. Si en un momento dado, todos nosotros hubiéramos decidido que el fuego no quema, el fuego no quemaría. Primero porque las sensaciones recibidas por el tacto sobre el calor entrarían en la mente, ésta buscaría asociaciones para intentar comprender qué es lo que está recibiendo y encontraría un archivo de información que dice qué es fuego y que tiene unas características tales como que esta frío, es húmedo y no hace nada. ¿Qué crees que haría la mente? ¿Enviar señales de «precaución, no lo toques» a la mano para que no se acercara? En ningún caso. Nuestra realidad sería que el fuego no quema, y el fuego no quemaría. Porque el fuego no es más que energía, y nosotros somos energía, y esa energía se traduce en una realidad en nuestra mente que dice que es inofensiva, y la energía de nuestro cuerpo diría que es inofensiva y reaccionaría como tal. Ni un solo nervio o alarma de precaución se dispararía en nuestro interior y el fuego, como energía que es, no tendría ningún efecto en nosotros. Eso sí, que nadie lo intente. No somos capaces de darle la vuelta a esta pre-concepción que tenemos tan aprendida y tan codificada en nuestro ADN desde hace milenios, y para nosotros y todas las generaciones que vendrán, el fuego quemará y la nieve estará fría. Pero sólo porque así lo hemos acordado.

¿Por qué decimos siempre que la visualización es el método más eficaz para manifestar nuestra realidad? Porque como hemos visto, el cerebro no distingue entre lo que es real «ahí fuera» y lo que es real «aquí dentro». Si usando la imaginación y la visualización, somos capaces de convencer a nuestra mente que somos felices, y traspasamos esa sensación, esa emoción y esas imágenes al subconsciente (o directamente trabajamos de forma consciente), generaremos queramos o no ondas que vibran a la frecuencia de la felicidad. Esas ondas saldrán a engancharse con otras ondas que sean del mismo estilo, y estas entraran por nuestros sentidos. El cerebro, al recibir parte de este tipo de ondas, que cuadran con lo que ha emitido, recompondrá su realidad de acuerdo al sentimiento que posee en su interior, a la imagen que ha creado y que tiene en archivo para la definición de «felicidad», y *voilá*, ahí tendremos el ciclo completo en el cual una y otra vez se irán manifestando en nuestra realidad situaciones, cosas y eventos que nos refuercen la idea de que somos felices.

Una realidad manipulada

Claro que lo opuesto también es completamente factible. ¿Os dais cuenta cómo se puede manipular la realidad de millones de personas? Es muy simple. Implanta en el subconsciente de todas las personas un sentimiento, una idea o un mensaje, y esa será la realidad que generarán sin darse cuenta y en la cual se verán envueltos sin saber como. Lo hacen a todas horas aquellos que están interesados en que pensemos una cosa u otra, en que compremos un determinado producto, en que vivamos de una forma o de otra. Empieza a bombardear a las personas durante día y noche a través de la televisión, radio, periódicos, etc. de que la situación mundial es un verdadero caos, que es la ley del más fuerte, que la cosa está muy mal, que hay problemas económicos, que viene una pandemia de gripe, etc., e implanta esas ideas constantemente durante mucho tiempo en el subconsciente de las personas. ¿Cuál creéis que será la realidad común generada por todo el planeta? Fácil, ¿no?

No hace falta que lo repita. ¿Y qué parte de los millones de ondas energéticas atraeremos a nosotros y percibiremos por nuestros sentidos si estamos vibrando en ese tipo de ideas? Pues lo mismo. ¿Y qué realidad decodificará nuestra mente si todo lo que tiene en el subconsciente son imágenes e información sobre lo mal que están las cosas y encima percibe ondas del exterior que le traen esa misma información? *Voilá*. Ya hemos completado el ciclo. Y todo simplemente implantando unas ideas que no tienen por qué ser verdad, pero que pueden prefabricarse para que poco a poco, todo el planeta genere una realidad acorde a esas ideas, sin que nadie, absolutamente nadie, se de cuenta de ello. Estoy seguro que a partir de ahora vas a prestar más atención a los mensajes subliminales de la publicidad, y dejarás de ver tanto las noticias, ¿a que sí?

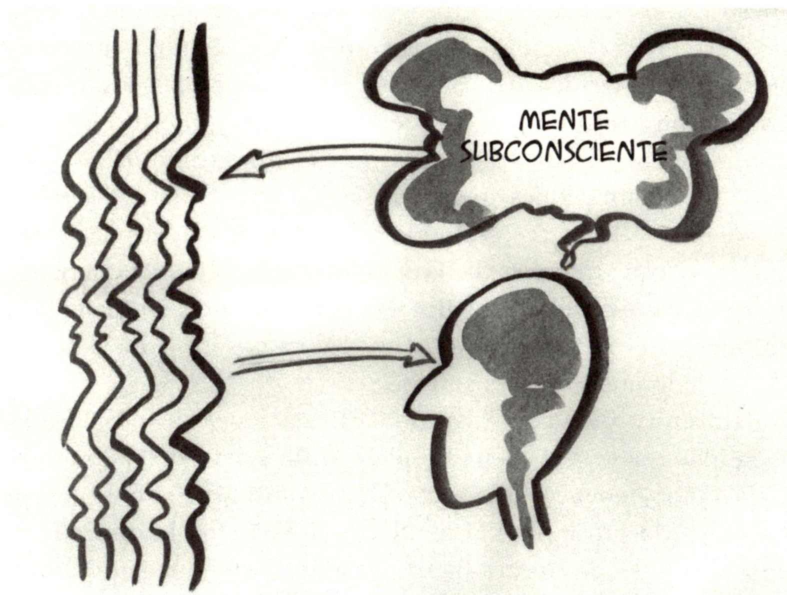

Y es que como hemos dicho, el control de tu subconsciente en la clave para el control de tu realidad, pues aquello que sea lo que emita, será aquello que tu mente creará como válido y aceptará.

Profecías auto-cumplidas

Hay personas que tienen implantadas fuertemente en el subconsciente ideas tales como «no merezco que me quieran», «no soy lo bastante bueno», «no merezco esto», etc. Cómo y cuándo se han generado estas ideas da para otro libro en sí, pero lo que nos interesa conocer es que este tipo de pensamientos incrustados en nuestro subconsciente son la causa de que en estos momentos tengamos problemas con todas y cada una de las relaciones en las que nos metemos, nunca consigamos llegar tan lejos como podríamos, se nos escapan las promociones laborales, nadie reconoce nuestra valía, la gente nos trata como si no fuéramos gran cosa, etc. Pero no es el mundo exterior quien tiene la culpa, no son las personas con las que te cruzas, los jefes, las parejas, los amigos, los que son los causantes de que te sientas así, sino tú mismo. A esas personas tú las atraes para que se comporten así y atraes hacia ti esas situaciones que han de confirmar que nadie te quiere porque no te lo mereces, donde no te dan nunca el puesto que quieres porque tú lo has rechazado inconscientemente emitiendo fuertemente una señal que dice «no merezco esto», etc. La vida de ahí fuera no es causa de lo que nos pasa a nosotros. La vida es el efecto de lo que somos nosotros.

El mismo proceso resulta de esas afirmaciones que nos decimos cada mañana en el espejo, en plan, «qué gordo/delgado estoy», «qué guapo/feo me veo», etc. Ya sabéis a que me refiero. El cuerpo sigue siendo pura energía moldeada a partir de la imagen que tenemos de él. Si nuestra mente construye una imagen de nosotros mismos de una determinada forma, la energía del cuerpo se adaptará a esa forma. Es el típico caso de personas que por mucha dieta que hagan, siguen estando gordos, porque es lo que se dicen cada mañana cuando se miran al espejo. Y personas que a pesar de comer como cosacos, nunca engordan, porque simplemente se han dicho siempre a sí mismos que ellos no están gordos. Las personas que se dicen cada mañana que se quieren, que se gustan y que les encanta ser como son, materializan esa realidad en su forma física, anímica y en su carácter. Recuerda que la imagen real de lo que somos no es más que una construcción de la mente, un holograma tridimensional que puede tomar la forma que nosotros, con constancia, le digamos que tome. Hay muchos casos de gente que se ha curado de enfermedades usando entre otras cosas, afirmaciones y visualizaciones, o que han adelgazado (por ir a temas más mundanos) poniendo todo su empeño en convencerse a ellos mismos que se ven perfectamente.

Otro ejemplo claro de cómo la mente crea la realidad que desea son los medicamentos placebo, de los cuales todos hemos oído muchas veces y con los cuales los médicos a veces alucinan del efecto que tienen, cuando en realidad no deberían tener ninguno. Y es que así como una enfermedad puede considerarse como una disfunción energética que afecta al cuerpo, cuando la mente consciente, y subconsciente, se trata con un placebo, sin saber que lo es, se está diciendo a sí misma que ese medicamento va a curar esa enfermedad, o por lo menos ayudar a ello. En miles de casos comprobados, los placebos han hecho que pacientes se curaran de todo tipo de problemas. ¿Por qué? Porque básicamente es nuestra mente la que genera, a partir de la idea de que vamos a curarnos, la realidad de que estamos curados. La mente con sus patrones energéticos, influye en el cuerpo, que no es más que energía, y lo recompone tal y como espera que éste se encuentre: curado completamente. Porque eso es lo que se ha creído que hace el placebo, y eso es lo que manifiesta. En este mismo sentido van las curaciones milagrosas de personas que han hecho un esfuerzo por visualizarse a sí mismas completamente restablecidas día tras día, no importa cuál fuera su enfermedad o problema. Con el trabajo mental diario, de generar para ellos una nueva realidad en la cual se sienten bien, la mente se pone en marcha para generar esa realidad, que acaba manifestándose como por arte de magia.

Sólo cambiando aquello que emitimos, aquellas ideas que están en lo más profundo de nuestra mente trabajando sin descanso y de las cuales no somos conscientes en la mayoría de los casos, podemos cambiar de vida. Existen para ello varias técnicas que vale la pena explorar, como las terapias regresivas, limpieza de nuestros cuerpos energéticos, hipnosis, etc.Porque la mente consciente no podrá llegar nunca a hurgar lo bastante profundo en el subconsciente para limpiar todo aquello que se ha quedado ahí olvidado durante tanto tiempo, tantas vidas incluso. Y es que muchas veces estas afirmaciones tan radicales como «no merezco que me quieran» o «jamás de volveré a enamorar para no sufrir», probablemente no tengan su origen ni siquiera en una situación real reciente, sino vete a saber en que momento nos hemos podido jurar a nosotros mismos no volver a sufrir por amor (por ejemplo) y a partir de ahí es la realidad que manifestamos sin darnos cuenta de ello. Como decía, el tema da para otro libro, y para los que estéis interesados en como se generan estas ideas os recomiendo los libros de Brian Weiss sobre vidas pasadas.

Para nosotros, lo importante es comprender que, vengan de donde vengan estas ideas, están presentes en nuestra mente actualmente y son las causantes de las cosas que atraemos hacia nosotros en nuestro día a día. Y que si nos damos cuenta de que realmente estamos atrapados en uno de estos ciclos de manifestación del mismo tipo de situación una y otra vez, es necesario recurrir a algún tipo de ayuda para desenterrarlo de las profundidades del subconsciente y limpiarlo, dejando paso por fin a una nueva frecuencia que empiece a atraer hacia nosotros otra realidad mejor.

Porque la realidad no es más que pura ilusión generada por nuestra mente a partir de lo que encuentra en nuestro interior, y que tiene una parte muy pequeña de componentes comunes que todos percibimos por igual. Una roca es sólida porque nuestro cerebro (y el de todo el mundo) nos dice que tiene que ser sólida, pero, en realidad, recuerda lo que hemos dicho anteriormente, una roca y tú estáis construidos de los mismos núcleos energéticos, puras ondas vibrando que sólo se colapsan al ser observadas, y que se conviertan en una cosa u otra sólo depende del acuerdo que tenemos todos los humanos desde tiempos inmemorables para aceptar que eso es una pared y no se puede atravesar, o eso es un elefante, y mejor no te pongas debajo suyo porque te puede aplastar.

Milagros y otras super proezas

Más pruebas de que todo no es más que la ilusión generada por nuestras mentes lo constituyen las proezas de algunos yoguis, que tragan clavos, que levitan, que rompen trozos de hierro con un golpe de la mano. ¿Cómo pueden hacer eso? Lo hacen porque saben que lo que hay enfrente de ellos no es más que un acuerdo de todos los seres del planeta que dice que el hierro no se puede romper o que los clavos no se pueden tragar, o que no se puede dormir sobre un colchón de puntas. Pero estos yoguis lo hacen, y lo hacen simplemente desconectando su mente del inconsciente colectivo, dejan de crear una realidad en la cual las puntas son peligrosas o el hierro es sumamente sólido. Lo hacen porque para ellos sólo existe pura energía con una cierta forma, que puede ser manipulada por la mente para convertirla en otra cosa. Si a tu brazo, que es energía, le dices que un clavo, que también es energía, no le causará ningún daño, el clavo entrará y saldrá de tu brazo sin un solo rasguño. No es un milagro, no es magia, es puro dominio de la mente y un control exacto de lo que representa la realidad, su realidad.

Huelga decir que no animo a nadie a que lo intente en casa. El 99.999999% de los mortales no podremos jamás disociar nuestra mente y dominarla hasta tal extremo. Pero eso no es la justificación para decir que eso no se puede hacer. Simplemente, la mayoría no sabemos hacerlo.

En el otro extremo, pero en el mismo tema, lo que no creemos que pueda estar sucediendo muchas veces no lo veremos, simplemente porque nuestra mente no puede aceptar que eso sea cierto, ya que se escapa de todos los registros que tiene y puede usar para construir esa realidad que está parcialmente recibiendo desde el exterior a través de los sentidos. Y como contrapartida, lo que creamos de verdad, lo acabaremos viendo. Porque ver, como hemos repetido hasta la saciedad, se hace con la mente, no con los ojos.

Implanta la creencia en tu interior de que en tal sitio existen apariciones milagrosas, y terminarás viéndolas. Cree firmemente que la luna es cuadrada, y tu mente construirá esa realidad para ti. Existen tanto niveles de verdad como personas en el planeta.

Y es que a través de nuestro ADN estamos totalmente programados y condicionados generación tras generación para ver una realidad que no es más que simples proyecciones holográficas de patrones energéticos, de ondas, que concuerdan con las mismas ondas que nosotros emitimos.

Albert Einstein dijo una vez: «La realidad es una ilusión, aunque muy persistente». Y es que hasta la ciencia lo empieza a tener claro, aunque aún falte mucho por dar a conocer en este campo.

Parte IV

DIFERENTES NIVELES DEL SER

El ego y el control de la mente analítica

El Ego es una de las facetas peor entendidas de la mente humana. Nos controla, nos manipula, nos provoca para que reaccionemos de una forma u otra. Pero en el fondo es como un niño pequeño, asustado, acurrucado a los mandos del ordenador que es nuestro cerebro, intentando dirigirlo hacia un único objetivo: nuestra supervivencia.

David Topí

Somos mucho más que un simple cuerpo humano. En realidad, somos un compendio de tantas capas de sistemas físicos y energéticos que difícilmente podemos llegar a captar el potencial y la grandiosidad de lo que conocemos como «ser humano». Este sistema vivo que nos permite gozar de existencia en estos momentos posee muchas más dimensionalidades y componentes que, si supiéramos aprovechar y usar a pleno rendimiento, nos fascinarían con el poder y el alcance que darían a nuestra vida cotidiana.

Porque dentro de todos y cada uno de nosotros se entretienen varios «entes» que cumplen cada uno su papel a la perfección. Ya hemos visto especialmente el poder de uno de ellos: el subconsciente, pero aún no conocemos en profundidad el resto de «voces», de canales, de personalidades que conviven en nuestro organismo y que forman parte de nosotros, porque son nosotros, cada uno en su particular forma de manifestarse.

¿Qué compone lo que somos? ¿Qué forma el cúmulo de sensaciones, instintos, pensamientos, reflexiones, inspiraciones, conocimiento y emociones? ¿Cómo se diseccionan de forma ordenada los estratos de personalidad y personalidades que cohabitan en nosotros? Personalmente he podido experimentar «en mí» claramente los diferentes componentes de personalidad que os he estado describiendo hasta ahora, cada uno con su tipo de mensaje, con su función cumplida a la perfección. Cuando no somos conscientes de que todos estos «entes» se encuentran continuamente actuando y no nos damos cuenta de que en realidad sus mensajes, sentimientos, emociones y sensaciones proceden de diferentes fuentes, todo lo que experimentamos y pensamos parece provenir simplemente de un batiburrillo un poco confuso que suena sin cesar en nuestra cabeza, en la cual, cada uno de ellos se encuentra vagando a su conveniencia.

La mayoría de culturas y tradiciones diferencia de la misma forma que hemos hecho nosotros los estratos interiores de una persona, algunos en más detalle o con más divisiones, pero todos, en general, tienden a estar de acuerdo en que los siguientes componentes son los actores principales de nuestro «yo», que, en su unión, forman todo el conjunto del «ser humano» que somos.

Como veremos más adelante, los diferentes seres que habitan en nosotros son tan reales que podríamos hablar con ellos, si entramos en meditación de forma adecuada, y mantener una conversación como si estuviéramos hablando con un amigo de toda la vida, nunca mejor dicho. En el esquema anterior podemos ver cómo interactúan estos diferentes componentes energéticos entre sí y con nuestra mente analítica, que es en principio aquella de la que somos conscientes plenamente, al menos la mayoría de los mortales. La comunicación entre la parte del cerebro conocido como cerebro reptil y la mente se hace a través del instinto, la comunicación entre el ego y la mente analítica se hace directamente a través de pensamientos implantados, la comunicación entre el subconsciente y esta misma mente analítica se hace a través de la intuición, y la comunicación con el yo interior se realiza a través de la inspiración. Pero no nos adelantemos y empecemos el análisis de «eso» que somos, desde lo más «superficial» a lo más «profundo».

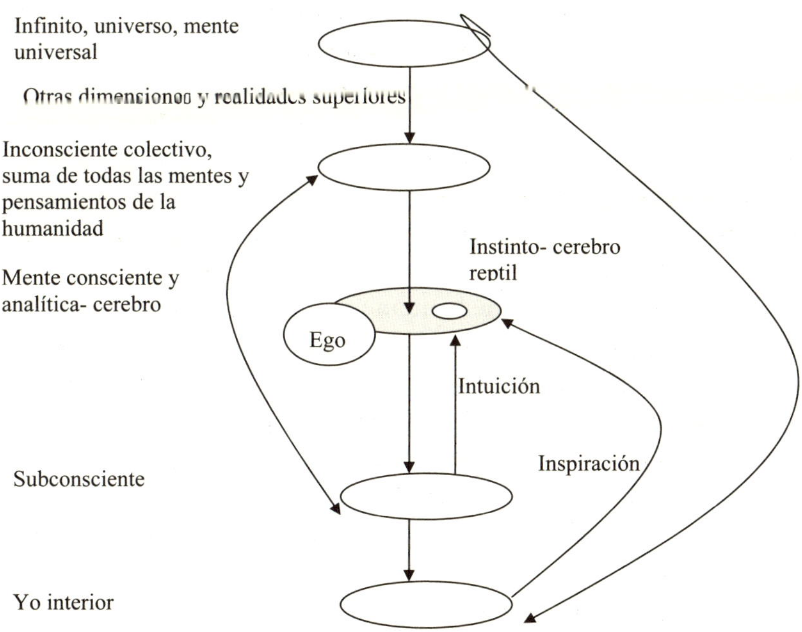

La mente

La mente, el cerebro, es el ordenador más perfecto que existe. Ya hemos visto en capítulos anteriores cómo trabaja para crear la realidad que percibimos como «propia» y real. Produce resultados en base a datos de entrada que provienen de los cinco sentidos y de la información almacenada en la memoria. No tiene fallos, y siempre produce el «output» más óptimo en función de las variables de entrada que se le proporcionan. El cerebro no «piensa», no genera algo «de la nada», sino que computa, analiza, clasifica, completa y resuelve, siempre en base de algo ya conocido, existente en cualquier de los niveles a los cuales tiene acceso o de los canales por los cuales puede recibir esos datos de entrada.

El cerebro no puede producir soluciones o respuestas y mucho menos tomar decisiones si no tiene los datos para ello. En el mejor de los casos, produce la mejor respuesta, la mejor decisión, según las variables de las que dispone para trabajar. No puede inventarse nada «de la nada», no tiene el poder de conectar con otros «cerebros», y no puede ayudarnos a menos que le proporcionemos sus herramientas de trabajo: datos, memoria, experiencias y todo aquello que pueda servir como referencia para comparar, ante una nueva situación, una respuesta parecida, igual o parcialmente similar a algo que ya haya computado anteriormente.

Esto no quiere decir que la mente esté excesivamente limitada; su nivel de procesamiento es impresionante, no somos conscientes de la cantidad de soluciones que nos brinda cada día y la cantidad de decisiones que nos ayuda a tomar simplemente por el hecho de usar cada experiencia que hemos acumulado y cada «dato» que ha entrado a través de alguno de nuestros sentidos, en miles de millones de combinaciones, para generar siempre la respuesta más óptima.

Por ejemplo, vas conduciendo por una ruta que desconoces, y de repente la carretera se divide en dos direcciones. No sabes cuál es la correcta, de forma que le pides a tu mente, tu cerebro, que intente averiguarlo rápidamente en base a posibles experiencias anteriores u datos que haya podido obtener al respecto. Si antes de salir de casa viste un mapa, si has pasado por alguna señal indicativa de la cual te has dado cuenta vagamente, si tu vista detecta a lo lejos un indicio del camino correcto aunque no estés seguro, todo eso son datos de entrada para la mente, que junto con la información que obtenga de tu banco de memoria, ejecutará la combinación más óptima de los mismos y te proporcionará una respuesta, la mejor que tiene, enviándote una «señal» de que la ruta de la derecha parece la más adecuada. Pero eso sí, si tiene información parcial, datos erróneos o experiencias incompletas, dará el resultado que se le pida pero con la información de la que dispone, sin saber si está bien o está mal, si nos sirve como queremos o si no nos sirve, porque no puede hacer nada más que eso. Nosotros, a nivel consciente nunca lo sabremos, tomaremos la ruta que hemos creído más conveniente por razones que no estamos del todo seguros conocer, y sólo unos kilómetros más adelante nos daremos cuenta si era la decisión correcta. Si lo es nos alegraremos de haber escogido bien, sino, nos fastidiará no haber ido por el otro camino. Porque recibimos lo mejor que podemos recibir de nuestra mente en cada momento, y no nos es posible encontrar fallos en su lógica por que no los tiene. Simplemente, a veces, hemos de aceptar que a veces la solución o información que tenemos no es suficientemente buena para solucionar o tomar una decisión acertada, lo cual no significa que para la mente la solución propuesta no haya sido la mejor solución.

Así, entrenar la mente es entrenar sus sistemas de proceso, análisis y toma de decisiones basados en datos preexistentes. Entrenar la mente es hacerla más ágil para entregarnos sus respuestas más rápidamente, o para que aprenda a comparar, retener, organizar y trabajar con datos de forma más eficiente. Con el paso del tiempo, este entrenamiento se vuelve cada vez más necesario, pues la edad nos dificulta los procesos mentales, los hace algo más lentos, y a pesar de que su eficacia siempre es la misma, es importante no dejar de estimular los sistemas neuronales que se encargan de estas tareas, para mantenerlos activos y a pleno rendimiento, sea cual sea la función y el uso que vayamos a darle luego a los resultados obtenidos.

La mente animal- El «instinto»

La evolución humana, por curioso que parezca, ha mantenido todos estos miles de años una parte de nuestro cerebro que proviene de las etapas más primarias del desarrollo de la misma. Esta parte, el llamado «cerebro reptil», aun sigue teniendo un papel importante en nuestra vida, pues controla las tendencias básicas que garantizan nuestra supervivencia -- el deseo sexual, la búsqueda de comida o las respuestas agresivas del tipo de reacción: «huye o pelea». En los reptiles, las respuestas automáticas al objeto sexual, a la comida o al predador potencial permanecen como actos reflejos y programados en el cerebro tal y como han estado durante los miles de años de evolución de la especie. En nosotros, en los seres humanos, muchos experimentos han demostrado que también existe una gran parte de nuestro comportamiento que se origina en zonas profundamente soterradas, que son las mismas que las que hace mucho tiempo dirigieron los actos vitales de nuestros antepasados.

Los impulsos y respuestas de nuestra mente animal no tienen nada que ver con las respuestas y el trabajo que hace nuestro cerebro humano. Es puramente «instinto», son las reacciones que hacemos sin analizar, sin procesar, porque nos sale de dentro, al estar pre-programada una determinada respuesta a un cierto hecho o situación. En la vida diaria, el instinto nos avisa o nos protege, permitiéndonos actuar rápido, sea para notar una situación peligrosa sea para avisarnos que hay que comer urgentemente porque el cuerpo se muere de hambre. Esas respuestas no provienen de un análisis detallado de la mente, sino que salen desde lo más profundo de ésta.

También es verdad que en nuestra vida cotidiana, el instinto no tiene el papel que tenía en la vida de nuestros antepasados, pues no existen continuamente situaciones de peligro a las cuales debamos enfrentarnos y no necesitamos notar el hambre cuando estamos todo el día picoteando o comiendo cada pocas horas. Aun así, el cerebro reptil sigue funcionando y trabajando en pos de la supervivencia más básica, y es parte de las diferentes fuentes de información y sensaciones que recibimos a lo largo de nuestra vida.

El Ego

En la mayoría de libros espirituales, el ego tiene bastante mala fama. La razón es que el ego, en cierta forma, es el principio en nuestra mente que nos separa a los unos de los otros, nos hace individuales, y nos proporciona un sentimiento de diferenciación del resto de personas, mientras que, el espíritu, es el principio que nos dice que todos estamos conectados, que todos somos parte de la misma cosa y que esa separación no existe, sino que en realidad, no es más que una ilusión.

Sin embargo, a nivel práctico, el ego no es más que la herramienta que nos ayuda a organizar los diferentes aspectos de nuestra personalidad de forma que podamos funcionar en el mundo, ser parte de él, interactuar en todas las situaciones de nuestra realidad, y desenvolvernos con cierta soltura en todo lo que hacemos.

El problema principal del ego es que muchas veces se pierde el control sobre él, o mejor dicho, toma completamente el control de nuestra vida sin que nos demos cuenta, cuando no debería ser así. La mente, el cerebro y sus sistemas analíticos, caen demasiado regularmente bajo el liderazgo del ego y la subpersonalidad que mejor le convenga a este según la situación a la que deba hacer frente, y esto es algo que nunca estuvo previsto, pues esta entidad que también forma parte de nosotros, nunca estuvo dotada de habilidades de liderazgo. El Ego, en realidad, fue creado para estar al servicio de nuestro yo interior, que veremos más adelante, y no al revés. Cuando esta relación funciona correctamente, el ego es un intermediario realmente útil representando a todo el conjunto de lo que somos, ahí fuera en el mundo, pero sin creerse realmente que el por sí solo «es» este conjunto en su totalidad. Cuando el ego se confunde con la totalidad de nuestro ser, cuando sus personalidades dirigen al 100% nuestra vida y nos olvidamos que no es el papel que le fue asignado, es cuando empezamos a tener problemas y a desconectar de la fuente que realmente ha de guiar nuestra vida.

Mientras estemos en contacto con nuestro yo interior, el ego no es una amenaza, sino simplemente una herramienta y, es en este sentido, cuando el ego funciona a su mejor nivel, en armonía con el yo interior. Para hacernos una imagen fácil de visualizar, el ego sería esa «entidad» que está a los mandos de la mente, el que gestiona el ordenador que es nuestro cerebro y le ayuda a computar los datos para obtener respuestas, el que pulsa las teclas del tablero de mandos, pero sin tomar propiedad de él, sino obedeciendo las instrucciones de nuestro yo interior. Cuando el ego toma el control de los mandos, es cuando nuestra vida empieza a perder el centro, la serenidad y la sabiduría.

Así como la mente no es un «ente» energético por sí solo, el ego sí lo es. Tiene una fuerte personalidad, o mejor dicho, tiene múltiples personalidades provenientes, en cierto modo de lo que nuestro ADN ha acumulado durante los años de evolución de la raza humana y que se transforman en diferentes facetas y caracteres que salen a la luz sin que lo queramos o lo deseemos, en la mayoría de los casos.

Esta personalidad, compuesta por múltiples facetas y sub-caracteres, es una compleja malla de sensaciones, pensamientos, comportamientos, miedos y todo tipo de emociones. Cada uno de nosotros, en todos y cada uno de los momentos de nuestra vida, nos vemos obligados a sacar una parte que nos sirva para «gestionar» o manejar aquella situación en la que nos encontramos. Sea nuestro «yo» valiente, nuestro «yo» sabio, nuestro «yo» consejero, a veces no nos damos cuenta de esos sub-caracteres que predominan con fuerza en nosotros y que afloran según las circunstancias en las que son necesarios, y que, sin embargo, no son más que diferentes representaciones de nuestro ego, diferentes papeles que asume según la situación en la que nos encontremos.

El ego, tal y como nos referimos a él en este libro, no es sólo ese punto de altanería, egoísmo, o sobrevaloración de uno mismo del que se tiende uno a referir cuando alguien se comporta así (¡vaya ego que tiene ese tío, se cree el mejor!). No. El ego es el conjunto de nuestras personalidades. Los diferentes componentes creados y con vida propia, que existen en nuestra mente, que manejan los mandos y el teclado de nuestro súper ordenador, que estimulan ciertas reacciones nuestras: el miedo, el titubeo, el valor, etc., y que sobretodo tiene una función extremadamente precisa: la supervivencia del cuerpo humano, y con ello, de la raza humana. Ni más ni menos. Su único objetivo es ese. Sobrevivir.

El ego, además, siendo un ente energético real, precisa de «energía» para sobrevivir por sí mismo, y realizar su función, que es hacer que el ser humano «sobreviva» (pero a otro nivel mucho más complejo que el puro instinto y las reacciones que este pueda llevarnos a realizar como protegernos). El ego tiene que manejar las emociones y sentimientos hasta tal punto que muchas veces prefiere alejarnos de ellas con tal de no enfrentarse y lidiar con la carga energética que suponen. Además, necesita su propia comida. ¿Y cuál es? Ni más ni menos que los pensamientos generados por nuestra mente en según qué situaciones. El ego sobrevive cuando se alimenta de esos pensamientos de venganza en la cual te visualizas a ti mismo gritándole al jefe por haberte humillado y de cuya «batalla» sales victorioso dejándole tirado en su silla ante la mirada de todos tus colegas. El ego genera ese tipo de pensamientos para poder alimentarse, porque una de sus partes se ha sentido herida cuando te han echado bronca y debe sacar su lado vengativo. Sabe que no harás de verdad eso que le gustaría que hicieras, así que te pone toda la situación en tu pantalla mental, y la reproduce una y otra vez. ¡Y qué bien se siente! Cada sub-personalidad se alimenta de ciertas emociones y puesto que la mente no distingue entre algo real que ha sucedido o algo imaginado que ha sido visualizado, la emoción y la energía generada es la misma. El ego cobarde se alimenta imaginando como te defiendes y ganas en una pelea con veinte *skin-heads* que han venido a atacarte, el ego víctima se imagina humillando a personas con las cuales se ha sentido inferior, el ego tímido se imagina siendo el centro de atención de todo el mundo, etc.

Esas proyecciones mentales tienen tanto poder que alimentan más y más esas personalidades nuestras, y, en vez de hacerlas desaparecer, consiguen que tengan cada vez más fuerza. Por eso, cuando te des cuenta tú mismo de que estás imaginando situaciones de este tipo, representaciones teatrales en las cuales eres el héroe y estás haciendo un papel que en la vida real no has podido hacer, es que tienes al ego generando energía para sí mismo. Detén la función. Sal de ese papel. Párate. Dile al ego que ya basta. Que el mundo real no le ha hecho nada y que no use tu energía mental para re-alimentarse. El ego no tiene por qué jugar al papel de «vengador», «salvador universal» o «víctima humillada», el ego debe ejecutar nuestro rol social a partir de las instrucciones del yo interior, que siempre nos guiará con sabiduría, alegría, amor y paz.

Y aunque todos tenemos formas parecidas de sub-personalidades, la diferencia es que en la misma situación no todos aplicamos o utilizamos la misma. Eso es lo que diferencia a una persona de otra ante un mismo evento. Nada más y nada menos que el sub-carácter del ego que toma control del mismo y reacciona de una u otra forma según sus cálculos de probabilidades, expectativas y confianza en su misión ultima. Todas esas vocecitas internas y diferentes que notamos en nuestra cabeza (o que más bien se apoderan de ella y de nuestros actos sin que nos demos cuenta) son los denominados «arquetipos del ego», en referencia al trabajo que realizo Jung con los arquetipos de la humanidad, con estos roles y sub-caracteres que tomamos, definiendo varios papeles «universales» que según su trabajo están presentes en la mayoría de nosotros en uno u otro grado.

Así, prácticamente todo el mundo posee, de una u otra forma, esta colección de personalidades que, como decía antes, muchas veces toman control total de nosotros y nos hacen actuar según su patrón básico de funcionamiento, tal y como están «programados» para actuar, y tal y como de alguna forma, deciden cuál es la mejor respuesta a una situación «peligrosa» dada, sea ésta real o imaginaria. Veamos algunas de estas sub-personalidades principales según el trabajo de Jung:

El Inocente. El primer carácter que nos encontramos en estos arquetipos universales es El Inocente, la personalidad que nos ayuda a crear nuestra imagen, la máscara que lucimos ante el mundo, nuestro carácter y rol social. Esta personalidad se encarga de mantener la fachada ante los demás. Aunque esta imagen que hemos creado de nosotros mismos carezca de profundidad y complejidad, nos proporciona, a nosotros y al resto de personas, una especie de sentido sobre quiénes somos y qué puede esperarse de nosotros. El Inocente es la respuesta a la pregunta que hacemos a todo niño: ¿Qué vas a ser cuando seas mayor? Es la personalidad que queremos que nos defina frente a los demás y tras la cual, muchas veces, ocultamos nuestro verdadero ser. En realidad, El Inocente que llevamos con nosotros sólo quiere ser amado por lo que en realidad es, y ser parte de las cosas. Esta personalidad nuestra quiere pertenecer, encontrar su lugar, sentirse reconocido, a veces por las buenas, a veces por las malas.

El Cínico. El cínico es nuestra personalidad que ve y sabe cuál de nuestras cualidades debe sacrificar o esconder en cada momento para representar el papel del inocente, para que le acepten en sociedad, para que los demás le quieran. Es la parte de nuestro ser interior que aprende a reconocer y evitar situaciones que probablemente puedan dañarnos, o bien haciendo que las evitemos, o bien creando una fachada protectora usando con exageración alguna faceta de nuestro carácter. Esta subpersonalidad trata en todo momento de protegernos de sentirnos abandonados, heridos o víctimas y para ello se vale incluso de tretas o conocimiento que a nivel consciente no sabemos ni que poseemos, por lo que se convierte en un valioso defensor de nuestro bienestar a ultranza, negando a veces la posibilidad de nuevas experiencias por miedo a no salir bien parado de ellas.

El Luchador. El Ego quiere que sus necesidades sean satisfechas, pero además se preocupa de «cómo» van a ser satisfechas. El luchador es nuestra personalidad que ayuda en esta tarea. Cuando estamos siendo controlados por este rol del ego, actuamos estrictamente en términos de nuestro interés personal, blandiendo nuestra espada para cortar todo aquello que pueda amenazar la supervivencia del cuerpo y nuestra integridad.

El Cuidador. Esta subfaceta nuestra desarrolla un sentido moral y de responsabilidad por el cuidado y bienestar de otros. Se preocupa por cómo se encuentran los demás, además de nosotros mismos, y no sólo por las personas en sí, sino por el bien global de la humanidad. Tiene la habilidad de sacrificarse por un bien mayor común para muchas personas y cuando predomina en nuestra forma de ser representa un papel de «protector» hacia los demás de forma constante. No significa esto que a veces no sea una forma de protegerse a sí mismo de otras cosas, tomando un rol de preocupación por todos y todo, pero es una faceta que representa la cara más solidaria de nuestro ser.

El Buscador. Este subcaracter busca la iluminación y la transformación interna, pero inicialmente está muy controlado por el pensamiento de nuestro ego. El buscador piensa que todo gira alrededor de ser mejor, conseguir más, tener más éxito, o alcanzar la perfección. El viaje del buscador requiere coraje para romper las barreras de lo desconocido y lanzarse en su exploración, lo que pasa es que cuando no está dirigido por el yo interior, sus motivos a veces dejan de ser todo lo nobles que podrían ser, y terminan enfocados en tener más de «todo» y competir, y superarse, y conocer más, para ser el mejor y poder así presumir de ello en sociedad, o, por el contrario, compensar algún sentimiento de «falta de» que haya podido obtener y acumular por experiencias dolorosas anteriores.

El Amante. El Amante quiere unificar cosas, es el símbolo de la unión sagrada con el yo interior, con el amor, con el universo. Esta personalidad nuestra, influenciada por el ego busca sin embargo este amor en el mundo exterior, olvidando el amor por uno mismo, hacia adentro. Esta parte del ego sabe lo que significa el amor y su valor, y su poder, pero no sabe dónde encontrarlo, en la mayoría de los casos; por eso el amante es el soñador de un mundo mejor, algún día, en algún sitio, pero nunca ahora, aquí, dentro de nosotros mismos.

El Iniciador. El iniciador es la personalidad que nos ayuda a despertar la semilla de nuestra identidad genuina, nuestro ser más profundo. Crea y pone en marcha muchos proyectos e ideas, tiene la fuerza de lanzar sin parar nuevas cosas, pero también muchas veces encuentra su energía dispersa en demasiados sitios, convirtiéndose más en cargas e insatisfacciones. El iniciador es nuestra potencia e iniciativa para sacar de nosotros lo mejor de nosotros mismos y convertirlo en realidad, es esa personalidad que toma el control cuando hay que empezar algo y cuando hay que ponerse manos a la obra. Siempre es el primero en hacerlo, siente un deseo ferviente de iniciar la acción, de crear, de construir, pero su energía se diluye una vez esa acción inicial ha pasado, y lo que se ha creado ha de mantenerse. El iniciador es el espíritu emprendedor que muchos tenemos, pero que cuando llega el momento y la fase de «mantener» lo que hemos creado, se aburre, lo deja, porque ya no es nuevo, porque ya no hay nada que iniciar, y entonces vuelve a ponerse las pilas en busca de otra cosa para crear.

El Sabio. El Sabio es la parte de nuestro ego que puede ser experimentada en estados meditativos con nuestro yo interior y que mejor conecta con el mismo, cuando ambos trabajan en sintonía y en armonía. El ego sabio observa nuestros pensamientos y sentimientos, pero no se identifica con ellos, de forma que el Sabio nos ayuda a ver qué es realmente importante en nuestra vida y trascender esas pequeñas cosas que nos distraen de nuestro ser interior más puro. Sin embargo, el ego sabio, cuando no está conectado con el yo interior, puede convertirse en el «sabelotodo», en la persona que siempre busca la notoriedad y siempre tiene una respuesta para todo en cualquier momento, en cualquier conversación posee una anécdota o sabe de cualquier tema del que se hable, simplemente por afán de notoriedad, o por complacer al Inocente, para sentirse querido y aceptado.

El Loco. El loco es el elemento de nuestro carácter que representa la improvisación, el atrevimiento, el lanzarse al vacío, el no pensar las cosas. El Loco se ríe de todos aquellos alrededor suyo, arrebatándoles el poder y haciendo que las cosas pierdan su sentido rígido. El Loco nos enseña que la mayoría de las veces sólo estamos expresando una de nuestras facetas, o máscaras, de la lista de arquetipos, pero casi nunca nuestro yo verdadero. El Loco nos enseña a reírnos de nosotros mismos, a no tomar nada excesivamente en serio y a disfrutar de la vida. En el sentido social, el Loco a veces toma el control cuando vivimos cada minuto sin preocuparnos por nada más, cuando dejamos las reglas y las estructuras rígidas de lado y montamos las nuestras propias, cuando improvisamos, hacemos las cosas sin preparárnoslas y confiamos en nuestros recursos para salir adelante como sea.

Como podéis ver, somos muchas personalidades a la vez, tenemos muchas caras (quizás muchas más de las pocas que hemos explicado de forma generalizada). El hecho de saber reconocerlas cuando están usurpando nuestra verdadera personalidad es lo que nos permite desenmascararnos y poner a nuestro Ego en su sitio, es decir, no dejar que tome control de lo que somos y hacemos.

Recuerdo una de las meditaciones en las cuales decidí entablar cierta conversación con mi Ego para decirle que bastaba ya de hacer el papel de victima cuando las cosas no iban como yo quería. La cuestión es que me daba cuenta de la cantidad de pensamientos «victimistas» que me asaltaban si se torcían las cosas, y puesto que podía darme cuenta de ello, sabía que no eran lógicos y que no tenían ninguna razón de ser. Así que decidí coger la sartén por el mango y echar un poco la bronca al Ego, tal y como suena.

Entrar en meditación y encontrarte con tu ego puede hacerse de mil maneras, usando la visualización y la imaginación para crear la atmósfera del encuentro que te sea más agradable. No importa si te imaginas entrando en el interior de tu cabeza o hablando en un cómodo café con alguien que representa a tu ego. Lo importante no es cómo se monta la escena, si no lo que se dice y se percibe en ella.

La cuestión es que entré en meditación y fui directo a encontrarme con mi ego. Estaba enfadado, y lo podía percibir perfectamente. Mi ego, como ente energético bien real, tenía problemas para entender el mundo de ahí fuera. El Ego no está involucrado en la creación de la realidad, y simplemente percibe lo que mi mente genera. Y aparte de estar enfadado, tenía miedo. Se sentía inseguro por una serie de cambios que estaba viendo en mi vida y que no entendía. El ego, como hemos dicho, no puede vivir el presente. No puede vivir en el espacio en el cual no existe pasado o futuro, y yo lo estaba consiguiendo. Estaba pasando una temporada en la cual había conseguido ser realmente consciente de «mi ahora», del presente total, lo cual le desconectaba, le impedía ser y actuar, pues no podía proyectar mi vida hacia el futuro como hace siempre, ni podía vivir de recuerdos del pasado. Mis experiencias de estar «siempre presente», en ese espacio en el que eres totalmente consciente del «ahora», lo tenían noqueado.

La conversación mental siguió con sus quejas, sus miedos y sus intentos de generar emociones de victima para ser escuchado. Primero tuve que ponerme firme, pues el Ego es realmente como un niño chico, se comporta igual cuando entablas conversación con él y tuve que decirle que se tranquilizara, que no pasaba nada, y que no íbamos a «desaparecer» (el Ego no puede vivir en el «presente»). Le dije que no tomara más el control de mi mente y que se relajara, que siguiera las instrucciones de la inspiración, de aquello que hacíamos cuando nos escuchábamos a nosotros mismos desde lo más profundo y que todo estaba bien. Se calmó por un momento y bueno, pareció entenderlo, de forma que durante bastante tiempo, no volví a percibir esas ideas de victimismo rondando por mi cabeza.

Pero otras veces simplemente el ego me toma el pelo. Entro en meditación y en conversación con él, me dice que sí a todo, y luego vuelve a las andadas. He llegado a meter a mi Ego, representado por la forma de un niño, en «su habitación mental» encerrado, y sólo cuando «se ha calmado», le he dejado «salir». Es difícil expresar en palabras estas percepciones, que son tan reales como cualquier otra cosa que venga del mundo exterior, pero los que hacéis meditación y tenéis práctica con estos diálogos internos sabréis a lo que me refiero y cómo son de efectivas.

Nuestro ego es realmente una voz en nuestra cabeza que toma mil caras distintas, pero no somos nosotros. No lo confundas y aprende a reconocerlo. Descubrirás toda una fachada que se cae de repente y que te muestra las cosas desde otra perspectiva.

Haciendo caso a la intuición

Relájate. Respira hondo. Contén la respiración. Déjala ir. Relaja los hombros. Sonríe. Cierra los ojos. Y, querido amigo, verás sorprendido la cantidad de voces que oyes, susurrando dulces palabras de apoyo y guía a tu oído. Puedes hacerlo

El Universo

Hemos hablado largo y tendido sobre la mente y sus procesos mentales, así como del papel del subconsciente para generar nuestra realidad, y lo siguiente que vamos a conocer es el mecanismo de comunicación entre estos dos componentes de nuestro ser. ¿Cómo puede el subconsciente hacernos llegar mensajes a la mente analítica sin recurrir a sueños, a terapias regresivas o a la hipnosis? Fácil. El mecanismo de comunicación de la mente subconsciente con la mente consciente se llama Intuición, y todos lo conocemos.

Así, si cuando hablábamos de cómo el subconsciente nos dirige, sin que nosotros ni siquiera lo notemos en la mayoría de los casos, te has enfadado con él por la cantidad de cosas por las que te está haciendo pasar en la vida, para que entiendas sus mensajes, o por el contrario, estás loco de contento porque has descubierto la ayuda tan especial que te está brindando a todas horas, quizás es hora de explicar que, en realidad, nuestro subconsciente tiene este otro mecanismo de comunicación con la mente analítica mucho más directo que la generación y atracción de eventos y señales, y que, si quisiéramos, podría ponernos las cosas mucho más fáciles. Ese mecanismo es simple, siempre ha estado ahí desde que hemos tenido uso de razón, e incluso antes, y no es otra cosa que nuestra intuición, como ya hemos dicho.

Según el diccionario, la intuición es la *percepción o conocimiento instantáneo de una verdad o idea sin la participación de razonamiento alguno.*

Para muchas personas, la intuición es algo levemente físico, un sentimiento en el estómago o una sensación de cosquilleo en cualquier parte del cuerpo. Para otras, la intuición es más sensorial, una imagen que viene a la cabeza de forma repetida, un sentimiento de que esto es así de forma inequívoca, o incluso un mensaje claro en la mente consciente. Es lo que llamamos a veces el sexto sentido. Fijaros en el caso siguiente, es un ejemplo de cosas que «sabemos» y «estamos seguros» de ellas, aun cuando no tenemos ninguna explicación al respecto de porque sabemos que es así. Simplemente, parece que, sin nosotros ser conscientes de ellos, nuestra mente subconsciente nos dice: Psss! Te mando una cosa «para que lo sepas», no hace falta que hagas nada con ello, es sólo para «tu información». Y se queda tan tranquila.

Más o menos eso es lo que le vino a decir a Estela, en Madrid, que tenía muy claro cuando estaba estudiando la carrera universitaria de informática dónde iba a terminar trabajando. Cada vez que pasaba por delante del edificio de una conocida empresa de equipos informáticos en su ciudad, Las Rozas, se decía a sí misma: «Cuando termine la carrera, voy a trabajar aquí. Al lado de casa y en esta empresa». Vamos, sin ninguna razón especial lo tenía clarísimo. Total, pasaron los años y Estela acabó la carrera, y, como todo el mundo, se puso a echar su curriculum a todas las ofertas de trabajo que veía.

No tardaron mucho en responderle. Un buen día, semanas después, la llamaban de una empresa que no conocía, una consultora pequeña, para hacerle una entrevista, que resultó ser más bien ridícula y poco ajustada a su perfil. Ahí estaba ella, con una carrera de informática recién sacada del horno y la chica de recursos humanos preguntándole si sabía lo que era Windows[8]. Total, un desastre, tanto que Estela le dijo a la amable chica que se habían equivocado de persona, que ella no había hecho una carrera de cinco años para terminar gestionando usuarios de Windows y se fue indignada a casa por la pérdida de tiempo y el poco acierto en la selección de su curriculum para un puesto así, tan extremadamente básico. Pero su relación con esta pequeña empresa no había hecho más que empezar, aunque Estela aún no lo sabía. ¡Oh, sorpresa!, a los pocos días volvían a llamarla de la misma consultoría, esta vez no una persona del departamento de recursos humanos sino el responsable del departamento de telecomunicaciones, diciéndole que había recibido su CV de sus compañeros y que tenía un puesto para ella en el que seguramente encajaría mucho mejor su perfil.

Así que Estela volvió a la empresa a hacer otra entrevista y esta vez sí que le ofrecieron algo más acorde a sus conocimientos. La propuesta era trabajar contratada en esta consultoría, pero sin embargo no para ellos, ¡sino para la empresa inicial en la que Estela había estado diciendo desde que empezó la carrera que

8 Nota del autor: Windows es el sistema operativo de más del 90% de los ordenadores del mundo. Para aquellos lectores que vivan algo apartados de la informática.

terminaría trabajando! Aquello era más que interesante, aunque algo no terminaba de ser del todo exacto a como ella sabía que tenía que ser. Y es que las oficinas donde la iban a mandar estaban en la otra punta de Madrid. Tardaba cerca de dos horas en llegar a trabajar cada día y no era el edificio que estaba al lado de su casa. Pero bueno, aun así, el trabajo tenía buena pinta, pagaban aceptablemente y el ambiente era muy agradable, así que aceptó el puesto.

Pero Estela seguía sabiendo que iba a terminar trabajando en el edificio de al lado de su casa, se lo decía su intuición. Era cuestión de tiempo. Y así ocurrió. Cuando llevaba medio año en la empresa les comunicaron que iban a agrupar a la gente de varios departamentos y edificios y que los trasladaban todos a Las Rozas. Dicho y hecho. Pocos días después Estela estaba trabajando a quince minutos de su casa, en el sitio donde años antes, y durante mucho tiempo, había sabido que así era como iba a terminar ocurriendo. Esa intuición tan segura y tan presente que siempre tuvo se había convertido en realidad, nadie nunca le había dicho nada del tiempo que tenía de pasar para que esto fuera así, pero ni por un solo día tuvo dudas sobre eso que «ella ya sabía».

Estoy seguro que muchos nos sentimos identificados con alguna situación similar. A veces la intuición es una sensación tan clara de que algo es así, o que el camino es éste y no otro, que por muchas cosas que nos pasen que parezcan alejarnos de eso que sabemos es lo correcto, nada podrá borrar de nosotros la certeza de que tarde o temprano, nuestra intuición se cumplirá.

El problema es que, cuando uno va por la vida, como vamos todos los mortales en este planeta, siempre sumidos en nuestros pensamientos y en nuestro mundo de problemas y preocupaciones, normalmente no hacemos ni caso a la brújula que normalmente mejor nos podría servir de guía, si le pedimos ayuda, pero a la que nunca oímos o nunca queremos hacer caso.

Mirad el ejemplo de Patricia, nuestra amiga de Lisboa (¿recordáis el primer capitulo?) y su marido Diogo. Volvía Patricia a casa tras su jornada laboral habitual cuando tuvo el presentimiento de que no debía dejar su coche aparcado en la zona de parking privado de su comunidad, sino en la calle. Había oído que esa noche habría un fuerte viento y estaba claro que el garaje era la mejor opción para aparcar, pues aunque no estaba cubierto, el patio donde dejaban los coches tenía solo cuatro árboles y sitio para ocho coches, por lo que el riesgo parecía mínimo. Mientras se decidía volvió a mirar la calle y se percató de que evidentemente había muchos más árboles fuera y mayores, por lo que el riesgo de que alguno causara algún percance a los coches debido al viento que se esperaba era menor en el patio, así que pensó que lo mejor era aparcar en él, y no dejar el coche lejos de la casa. Aún así, algo le seguía diciendo que no aparcara dentro, pero terminó por imponerse la lógica y finalmente lo hizo. Diogo, cuando llegó con su coche, hizo lo mismo guiado por el mismo razonamiento y ambos coches pasaron la noche en el parking de la comunidad.

Al día siguiente se levantaron oyendo a un vecino que les llamaba insistentemente para indicarles que un árbol había caído encima del coche de Diogo. Se levantaron tranquilamente y fueron a mirar, y efectivamente, la cosa no les sorprendió. El coche de Patricia también tenía una rama caída en el capó, pero no había sufrido tanto daño. De todos los coches aparcados en el patio común de los vecinos, sólo sus dos coches habían sufrido daños, y eso que ni siquiera estaban cerca el uno del otro.

Para más inri, los árboles de la calle estaban todos en perfecto estado, no se había caído ni uno y ningún coche de los aparcados en el exterior había sufrido desperfecto alguno. Patricia recordó su intuición y se dio cuenta de la señal que había recibido y a la cual no había hecho caso. Diogo confesó que él también había tenido la misma intuición de no dejar su coche en el patio, pero tampoco le hizo caso. Y ese fue el resultado.

Interesante, ¿verdad? Y es que la intuición es un mecanismo

fascinante, una herramienta más que interesante que usamos mucho menos de lo que podríamos, y que nos podría ayudar mucho más de lo que en realidad nos ayuda, por no contar con ella. ¿Es posible que no sea necesario atraer mensajes hacia nosotros de forma física y «real» si somos capaces de escuchar a nuestro subconsciente de manera constante?

Cuando se trata de información o respuestas, lo más probable es que si pudiéramos siempre hacer caso a nuestra intuición, o incluso, dialogar con nuestra mente subconsciente de forma relajada como haríamos con un familiar, y hacerle las preguntas que tenemos, no necesitaríamos atraer un buen número de esos mensajes que recibimos como respuestas. Los eventos y las situaciones son distintos, cuando se trata de recibir algo, ejecutar una acción o verse envuelto en algún acontecimiento, el subconsciente tiene que involucrarnos físicamente para que podamos interactuar con el resto de personas y elementos de la realidad física, pues así está construido nuestro mundo y así debe ser para que los acontecimientos tengan lugar.

Pero en los casos en los que buscamos respuestas a preguntas o dudas, ayuda para tomar decisiones o elegir una u otra cosa, la intuición es la herramienta adecuada que podríamos usar para apoyarnos en el proceso. La intuición proviene de la mente subconsciente que tiene un poder y un alcance enorme. ¿Te imaginas cómo sería hacer una pregunta y esperar a que tu subconsciente echara un vistazo en el inconsciente universal, en caso de que la respuesta no estuviera ya almacenada en ti, contactara con el punto exacto donde está esa información y te la hiciera llegar en forma de pensamiento tan claro y conciso que no tuvieras ninguna duda al respecto de la veracidad de la respuesta? Básicamente así funciona. Que levante la mano quien esté dispuesto a renunciar a un mecanismo de ayuda tan espectacular.

Lamentablemente aún hay mucho ruido en nuestro interior, demasiados pensamientos generados por el ego y la mente analítica de forma tan constante que es imposible, en la mayoría de los casos, distinguirlos de cualquier otra cosa que puede provenir de cualquier otro sitio. El caos mental nunca para, el cerebro no puede dejar de pensar, analizar y catalogar, y por eso se generan casi 60.000 pensamientos diarios (según algunos estudios científicos al respecto). ¿Cómo descubrir entre tanto jaleo el mensaje de nuestra intuición a no ser que éste venga encapsulado de forma diferente, tenga un tono especial o una forma distinta de hacerse ver o de salir a la luz?

Si quieres hacer de tu intuición un mecanismo más vivo, dale personalidad. Imagínatelo como lo que puede ser, una voz directa desde tu subconsciente que te intenta transmitir algo que necesitas saber. Puede que no desees oír voces en tu cabeza, o que temas realmente oírlas para que no te tachen de loco, pero eso no tiene por qué saberlo nadie. Grandes personajes de la historia han contado en sus biografías que las grandes decisiones que han tomado en sus vidas han estado siempre apoyadas por un fuerte sentimiento de que esa era la decisión correcta, o incluso que sentían u oían indicaciones de qué camino escoger. Sócrates dijo que siempre tenía una voz que aunque nunca le decía qué decisión tomar, siempre le apartaba de aquellas que no le eran convenientes.

Nuestro subconsciente puede hacer llegar a tu mente, o a tus sentidos, según seas más analítico o más sensorial en tu percepción de las cosas, mensajes, información e ideas para ayudarte en tu vida cotidiana. A tu mente subconsciente le supone menos esfuerzo mirar hacia arriba y enviarte una señal directa, que mover cielo y tierra para atraer hacia ti vallas publicitarias, anuncios y libros con las respuestas que estás buscando. Lo hace siempre y con mucho gusto, pero es un enorme esfuerzo que si nosotros quisiéramos, sería mucho más simple.

¿Cómo podemos mejorar ese canal de comunicación y reforzar esa recepción de información? Aquí os propongo algunos ejercicios simples:

— En estado de relajación procura ser consciente de las impresiones que recibes a través de tus sensaciones internas. Se trata de aprender a prestar atención a las sensaciones que recibimos constantemente y de las cuales pasamos olímpicamente en nuestro día a día. Aprende a diferenciar todo lo que llega a ti a través de tus sentidos de lo que proviene de una fuente más profunda, para darte más margen a la hora de descubrir esa posible comunicación de tu subconsciente.

— Formula preguntas: la intuición siempre está a nuestro servicio y es posible hacerle todo tipo de preguntas. Eso sí, las cuestiones han de ser concretas o la respuesta se podría interpretar de varias maneras. La intuición siempre contesta aunque a veces puede que no nos guste lo que nos comunica. Sobre todo, nos da las respuestas que mejor nos sirven y ayudan en ese momento, y si, por las circunstancias que sean, aunque ya sepa la respuesta correcta a tu pregunta pero tú aun debes pasar aún por otras etapas de crecimiento personal antes de conocerla, no te dará la información que pides, sino aquella que necesites en ese momento concreto de tu vida, lo cual en realidad viene a ser lo mismo, ya que es la información exacta que necesitamos en el momento preciso, idéntico como si hubieran colgado un cartel delante de casa con esa misma información para que la viéramos al salir por la mañana, pero menos caro (para quien sea que haya pagado por ello, claro).

— Obtén respuestas: escribe varias preguntas en diferentes papeles, y después, con los ojos cerrados, elige una al azar. Inmediatamente después, sin dar tiempo al pensamiento racional a interferir, repite en voz alta todo lo que sientes o percibes. Es importante grabar o que alguien anote lo que digas. El truco consiste en no callar nada que venga a la mente. Si ésta se queda en blanco, hay que respirar hondo, concentrarse en una de las sensaciones y dejar que nos lleve a otra. Luego analiza tus impresiones y trata de hallarles un significado. Por último mira el papel elegido y descubre la pregunta a la que has contestado. Es mejor no saber a qué se responde al hacer el ejercicio, pues así la mente consciente no bloqueará el proceso.

— Interpreta los mensajes: para descifrar el significado de tus impresiones, analízalas detenidamente. Busca similitudes entre las palabras y pregúntate qué quieren decir para ti. Utiliza la asociación de ideas. Si la intuición se ha manifestado mediante imágenes o símbolos, como ocurre en los ejercicios de visualización, entonces intenta averiguar qué significan éstos para ti, o conviértete en el propio símbolo para ver qué sientes así.

La intuición, como todo, requiere entrenamiento y práctica. En realidad, sólo requiere que se le preste atención y se actúe según su consejo, pues ello refuerza el hábito de escucharnos a nosotros mismos a un nivel más interno y más inconsciente donde existen respuestas y conocimientos que no tenemos a nuestra disposición en la mente agitada de nuestras horas de vigilia. Es el hecho de reconocer el mensaje y actuar sobre él lo que envía de vuelta una señal de reconocimiento al subconsciente que indica que básicamente estamos aceptando este canal como una vía importante de recepción de información.

Encontrar la forma en la que mejor se comunica tu «sexto sentido» con tu mente consciente es la parte primordial para establecer el canal directo de «mensajes». Es como si dijeras: *ah! cada vez que siento esta sensación o que me viene a la mente esta imagen esto es un mensaje inequívoco de que es mejor que haga esto o lo otro.* Es básicamente lo único que hay que hacer. Una vez descubierto el canal de comunicación, solo se trata de mantenerlo abierto y de hacer caso a lo que a uno le llega por él. ¿Notaste algo ya?

Hacia el yo interior

Cuando lo exterior empieza a definir lo interior, en vez de tu interior creando tu exterior, es cuando uno empieza a vivir como un mortal, en vez de como un Dios. Créeme, como Dios es mejor.

El Universo

Finalmente llegamos a la presentación del último actor importante de este libro, el que realmente completa y cierra el círculo de todo aquello que compone lo que somos. Bajo todo el resto de capas de personalidades, envuelto y cubierto por las voces de todo lo anterior, está nuestra esencia, nuestro verdadero yo. El yo interior es el núcleo, la esencia de la energía que somos, la memoria y cualidades de lo que hemos acumulado en toda nuestra existencia y la conexión más directa con el universo. El yo interior es la «verdadera voz», porque es la más sabia, la que conoce y puede dar las respuestas en un abrir y cerrar de ojos a todas y cada una de las preguntas, dilemas y problemas que le plantees. El Yo Interior puede ser llamado también el alma, o el núcleo energético que nunca muere, y que cuando dejamos este cuerpo físico simplemente se libera de la prisión de los sentidos, de la realidad tridimensional y vuelve libre a las dimensiones superiores a las que pertenece. Por eso, nunca morimos, somos eternos, porque somos ese núcleo etéreo que escoge temporalmente experimentar una vida en este planeta, aprender cosas, evolucionar, para luego simplemente desprenderse del vehículo que ha usado para su experiencia y volver al hogar.

Cuando somos conscientes y estamos abiertos a la comunicación con ese Yo Interior, tenemos por fin la puerta abierta al universo, a sus indicaciones y consejos, a su amor eterno e infinito, pues el Yo Interior reside justo detrás de nuestro entrecejo, en el tercer ojo, en el chakra de la frente, y aun estando tan cerca de nuestra mente analítica, su voz es raramente escuchada y diferenciada en medio del ruido mental que todos tenemos constantemente.

De todas las «fuentes» generadoras de ideas, pensamientos o soluciones que tenemos, ésta es la verdaderamente válida. El cerebro y la mente consciente son puras máquinas de computar, de comprobar, de comparar y de proporcionar los mejores resultados a partir de los datos disponibles. Pero son incapaces de obtener nada por sí solos, si no existe la información de entrada disponible en la memoria o accesible a través de los cinco sentidos, la mente no puede proporcionarnos respuestas a ninguna de nuestras preguntas.

El cerebro animal, el instinto, no es más que un productor de impulsos que nos ayuda a sobrevivir en este planeta. Es la señal que nos dice que debemos escondernos o huir, es la parte de nuestro ser que vela por nosotros en el sentido más estricto: nuestra supervivencia física. No tiene capacidad por tanto para darnos respuestas más allá de la necesidad urgente de hacer algo que siga perpetuando esa supervivencia. Las señales provenientes del instinto que todos tenemos son señales básicas, información pura y destinada a mantenernos vivos, muy útiles en la época de las cavernas, en las que la supervivencia era la norma y la ley, pero menos en el periodo en el que nos encontramos.

El subconsciente, aun siendo útil, sólo puede proporcionarnos respuestas e información si ésta ya existe, o bien en nuestro interior, enterrada en capas de memoria a la que nuestra mente consciente no puede llegar, o bien en el inconsciente colectivo, en la memoria o pensamiento de algún otro habitante del planeta con el cual haya podido establecer un lazo de conexión en resonancia. Aunque llega hasta límites insospechados, tiene evidentemente las limitaciones que tiene la raza humana, el conjunto de seres del planeta, y no puede proporcionar respuestas o soluciones, o información para preguntas, situaciones o eventos que no hayan sido ya expuestas o bien por experiencias anteriores o bien por experiencias de terceros. Probablemente en la mayoría de los casos esto ya es mucho más que suficiente, pero no siempre.

Para ir más allá sólo podemos recurrir al emisor final, la fuente eterna en cualquiera de nosotros: el yo interior. El Yo interior es la voz que proviene de la conexión con todo lo que existe, con el universo en su conexión más directa, con el conocimiento de todo lo que es, ha sido y siempre será, sin estar limitado por la mente humana o el conjunto de ellas.

El Yo interior habla a través de la inspiración, cuando no estamos en contacto directo con él por ejemplo a través de la meditación. Es una voz que conoce bien el artista cuando entra en trance y crea sin saber de dónde vienen las imágenes que le llegan a la mente y que plasma en su lienzo; son las respuestas que obtenemos cuando estamos en un profundo estado de relajación; son las palabras que vienen cuando escribes en estado semi automático, cuando tus dedos van tecleando todo lo que te va llegando y pareces estar en un estado hipnótico. El Yo interior se manifiesta en los momentos en los que la mente está callada, el ego duerme sobre los mandos del ordenador de nuestro cerebro y el subconsciente simplemente sigue observando su mundo sin interferir en la comunicación. Por eso escuchar a nuestro Yo interior es tan difícil, porque ni siquiera la primera premisa, tranquilizar la mente, se cumple en un 99% del tiempo que pasamos despiertos.

Pero si pudiéramos acallar todas las voces de nuestra cabeza, o simplemente dejarlas de lado sin hacerles caso, como una radio que suena de fondo y que escuchamos pero que no nos molesta, podríamos oír al YO interior, que siempre nos está enviando mensajes de inspiración, de información precisa, de respuestas concretas.

El Yo interior no tiene miedo a la vida, no conoce el fracaso, no sabe lo que es no ser querido, porque es consciente de todo el potencial, ya que él representa todo ese potencial que llevamos dentro. Representa el amor en estado puro, la sabiduría, la alegría, la compasión, el éxito, la alegría de vivir. El Yo interior también nos pide que a veces visitemos y escuchemos a nuestro «niño» interior, ese que nos pide que vivamos por el hecho de vivir, que no seamos tan tozudos y tan cabezones con las reglas del mundo, que no pongamos barreras a la felicidad y condiciones para conseguirlas, porque para él no existen. El Yo interior tiene claro que vivir es disfrutar, experimentar y aprender. Su autoestima está por las nubes porque se sabe querido por el universo, lo cual es infinitamente más de lo que el ego, en algunas de sus facetas, podrá jamás sentirse querido. Por eso el Yo interior nos pide que le hagamos caso a él y a sus mensajes, que aprendamos a vivir con el máximo de silencio interior posible, aprendiendo a ajustar el ruido de nuestras cabezas a un volumen que permita escuchar los verdaderos mensajes que salen de lo más profundo de nuestro ser.

Cada día, cada acción que hacemos, debemos procurar que este guiada por la voz del yo interior que no es otra cosa que nuestra conciencia y esencia más pura. Que sea la inspiración la que nos indique hacia dónde ir o qué decisión tomar, luego le damos paso a la mente y al ego para que la ejecuten, pero que no sean estas dos últimas entidades las que lleven el timón de nuestra existencia. Cuando haya que reaccionar ante un peligro, quizás será nuestro instinto quien nos avisará y quien nos hará ejecutar tal acción o tal otra, pero mientras no sea así, simplemente hay que tratar de vivir siguiendo las indicaciones de nuestro yo interior, pues nos abre la puerta a un mundo inexplorado, en conexión con el universo más profundo, en el cual tienen respuesta hasta las preguntas más insondables e incomprensibles para la mente humana.

Las respuestas «místicas» sobre la vida sólo pueden provenir del Yo Interior. Es la única conexión con el universo en su pura esencia. Puesto que no existen el pasado ni el futuro vistos desde la perspectiva del universo, tampoco existen para el Yo interior, y por eso nos avisa que intentemos siempre estar en el «presente».

¿Qué significa vivir el presente? Hay mucha gente que clama vivir el presente, que todo lo que importa para ellos es el día a día y que no piensan en el futuro, como una reivindicación, un eslogan o una forma de vida. Vienen a decirnos que no se preocupan del mañana, de lo que vendrá o de lo que harán la semana que viene, que no planifican, no pierden el tiempo y la energía en cosas que ya sucederán. Aunque con algunos matices, en realidad la frase «vivo el presente», tal y como es usada por muchos de nosotros, es errónea. Eso no es vivir el presente, eso es no preocuparse por el futuro. Es distinto.

En realidad todos vivimos en el presente. Es imposible no hacerlo. No puedes escapar del presente. Está aquí. Estás leyendo esto ahora y estás en ese segundo que es tu presente. Y luego ese otro, y luego otro más. Quieras o no quieras, estás siempre en el presente. Otra cosa es donde esté tu mente. Y es lo que nuestro Yo Interior pretende hacernos ver.

Pasado y futuro son estados mentales. No existen por sí mismos, no son nada. El pasado es la impronta que dejó en nosotros un estado presente que sucedió anteriormente. El futuro es una proyección de nuestra mente del estado presente actual. En nuestro mundo el futuro como tal no existe, y sólo visto desde fuera de la perspectiva del tiempo y el espacio es posible darnos cuenta que todo lo que ha existido, existe y existirá, ya es parte del «ahora». Pero nuestra mente, y el ego con ella, no concibe vivir en un estado mental que no sea algo que ya ha pasado y sobre lo cual ha podido almacenar datos, imágenes, sensaciones, información, o en un estado futuro que sea la proyección de esas imágenes, datos y sensaciones. Cuando imaginamos algo que va a ocurrir o que queremos que ocurra, estamos extrapolando la información que tenemos en nuestra mente para construir ese evento futuro, y con ello, seguir perpetuando la existencia del ego.

El Yo Interior nos dice que dejemos de vivir muchas veces buscando algo que ha de llegar, esperando que suceda algo que aún no ha sucedido, anhelando el momento en que ocurra aquello que queremos que pase. Nuestro foco está puesto la mayoría del tiempo en cosas que queremos que ocurran: la hora de salir del trabajo, las vacaciones, que llegue el fin de semana, que nos toque la lotería, que me cambie de trabajo, que encuentre pareja, que tenga hijos, que me cambie de esto, que me compre aquello. No son situaciones reales. Solo son trucos de nuestra mente y de nuestro ego para sobrevivir, ya que ambos no pueden sobrevivir en el «presente». La mente no es capaz de analizar algo que está sucediendo justo ahora, porque en el momento en que lo hace (cuando ha recibido los datos para ello), el momento ya es pasado. Para la mente no existe el presente. Por muy pocas milésimas de milésimas de segundo que tarde en lanzar un pensamiento o tomar una decisión, ésta ya está basada en algo que ha pasado. No puede capturar el presente, por eso no puede vivir en él.

El ego, como ya hemos dicho, tampoco entiende el presente. Su supervivencia está atada a nuestros miedos, deseos, pasiones, emociones y afectos. El ego sólo es capaz de interpretar el día a día en base al pasado, a lo que ya le ocurrió, o en base a las proyecciones futuras que pueda hacer la mente de lo que va a pasar. El ego tampoco puede existir en el presente, porque no tiene poder sobre él. El presente le da miedo, y amenaza su supervivencia. Por eso no nos permite vivir en el presente y se ocupa de que tengamos siempre pensamientos en nuestra cabeza o bien relacionados con el pasado o bien con el futuro.

Si siempre viviéramos en el presente, el ego podría terminar disolviéndose, y la mente podría convertirse tranquilamente en un ordenador con un interruptor que ahora no tiene, que podríamos apagar y solo usar cuando nos hiciera falta para computar información o analizar datos, pero no para que siempre esté lanzando y generando pensamientos que nos mantienen en estado de eterno ruido mental. Entonces, probablemente, podríamos sentir constantemente la presencia y la guía de nuestro Yo Interior.

Y... ¿cómo se vive el presente? Si has conseguido alguna vez dejar tu mente en blanco, quizás conozcas la forma de vivir el presente. El estado del presente es el estado de *no pensamiento*. Es ese momento en el cual estás totalmente focalizado y consciente de tu presencia «en el ahora». Todo lo que ves, oyes y sientes no pasa por los filtros de la mente analítica puesto que esta no está interfiriendo. El presente es el estado que existe entre pensamiento y pensamiento. Haz la prueba. Observa lo que está pasando ahora por tu mente. Puede ser cualquier cosa que te preocupe o que esté dando vueltas por ahí, y observa el momento en que ese pensamiento se desvanece... y ese ínfimo espacio de tiempo en el cual el nuevo pensamiento aún no ha llegado. ¿Lo viste? Lástima. Ya llegó otro pensamiento y el presente se nos ha ido de nuevo.

Hay un mundo increíble en ese pequeño espacio en blanco. Es el mundo que nos abre el verdadero «yo» que hay en todos nosotros. Es el poder de quien dirige nuestra vida sin la interferencia del ordenador central del cuerpo y del ente energético construido a partir de todas las emociones acumuladas en él. Lo que pasa cuando uno empieza a notar ese «presente» y a conseguir que el espacio entre pensamientos sea cada vez más grande, aunque sean sólo unos segundos, es que aparece una sensación de quietud increíble y obtenemos una visión del mundo distinta. Muchos dicen que la verdadera belleza de las cosas sólo se percibe cuando no existen los filtros de la mente de por medio, y quizás sea esa la forma más adecuada de describirlo. Vive el presente. Focalízate en el ahora y sé consciente, realmente consciente, de cada momento. Cuanto más lo consigas, más poder le das a tu yo interior y más poder le quitas al ego y a la mente, de forma que cuando vuelvas a decir «yo vivo el presente» realmente sabrás lo que estás diciendo.

Epílogo

La vida es fascinante. No hace falta que te lo diga, y el conjunto de cosas que nos ayudan a caminar por ella la hacen mucho más interesante. ¿Quién iba a decirnos que podemos contar con una brújula tan perfecta para llegar a donde queremos llegar como nuestra intuición, y, además hacer que nuestro subconsciente nos sirva en bandeja las situaciones que nos permiten llegar al destino? ¿Quién iba a contarnos que si podemos acallar la mente, tenemos una conexión directa con lo más profundo del universo? ¿Quién iba a decirnos que tenemos el poder de crear nuestra realidad modificando la frecuencia de aquello que pensamos y emitimos, que podemos ajustar nuestro ser para recibir cualquier cosa que se nos pase por la mente? ¿Quién iba a pensar que nosotros mismos, al nacer, nos preparamos el plan de estudios a través del cual van a sucedernos las mejores situaciones en nuestra vida para cumplir uno o varios objetivos?

Tenemos tanto poder para vivir como queremos, y las herramientas para ello, que parece mentira que no nos demos cuenta y que sigamos, muchos días, viendo pasar las horas en piloto semiautomático, contemplando en vez de creando, dejando que la realidad creada por el inconsciente colectivo nos atrape y nos lleve a bandazos de un sitio para otro, cuando lo único que tenemos que hacer para corregir el rumbo es sentarnos por la mañana, o la noche anterior, y planificar nuestro día siguiente, de la forma en que queremos que transcurra. Sabemos cómo hacerlo, imaginando, visualizando, sabiendo que las cosas pueden ser como queremos que sean, pero no, somos demasiado perezosos para hacerlo. Quizás porque no nos lo creemos del todo, o porque es mucho más fácil dejarse llevar por lo que venga.

Aun así, espero que a partir de ahora, tal y como os dije en el prólogo, empiecen a despertarse en vuestra vida los sentidos y percepciones que os harán notar mucho, pero mucho más, las sincronicidades, los mensajes y señales del universo, las respuestas que os envía para cada una de las situaciones en las que os veis envueltos en cada momento. Hacedles caso, trabajad en incrementar y desarrollar vuestra intuición y dejaos llevar por ella. La vida puede convertirse en un camino mucho más sencillo y agradable, y sobre todo, mucho más efectivo para poder obtener aquello que deseáis.

David Topí
Febrero 2010
www.davidtopi.com

CONCLUYÓ LA IMPRESIÓN DE LA QUINTA EDICIÓN DE ESTA OBRA EN GRÁFICAS LA PAZ EL 7 DE JULIO DE 2021. TAL DÍA DEL AÑO 1930 FALLECE EN CROWBOROUGH ARTHUR CONAN DOYLE, CÉLEBRE ESCRITOR INGLÉS.